Os Elementos da Lei Natural e Política

Tratado da natureza humana

Tratado do corpo político

Os Elementos da Lei Natural e Política
Por Thomas Hobbes de Malmesbury
Editado com um prefácio por Ferdinand Tönnies, Ph.D.,
ao qual são acrescentados extratos selecionados
de manuscritos inéditos de Thomas Hobbes

Londres
Simpkin, Marshall, and Co.
MDCCCLXXXIX

Dados Internacionais de Catalogação na Publicação (CIP)
(Câmara Brasileira do Livro, SP, Brasil)

Hobbes, Thomas, 1588-1679.
   Os elementos da lei natural e política :
tratato da natureza humana : tratado do corpo
político / Thomas Hobbes ; tradução e notas
Fernando Dias Andrade. - São Paulo : Ícone,
2002. - (Coleção fundamentos do direito)

   Título original : The elements of law, natural
and politic
   Bibliografia.
   ISBN 85-274-0691-8

   1. Direito natural 2. Política - Filosofia
I. Título. II. Título: Tratado da natureza humana.
III. Título: Tratado do corpo político. IV. Série.

02-5401   CDD-192

Índices para catálogo sistemático:

1. Hobbes : Obras filosóficas : Filosofia inglesa
   192

Thomas Hobbes

Os Elementos da Lei Natural e Política

Tratado da natureza humana
Tratado do corpo político

Tradução e notas:
Fernando Dias Andrade
Doutor em Filosofia pela Universidade de São Paulo
Professor de Filosofia Jurídica da Faculdade de Direito de São Bernardo do Campo, SP

Ícone
editora

© Copyright 2003.
Ícone Editora Ltda.

Título Original
The Elements of Law, Natural and Politic

Capa e Diagramação
Andréa Magalhães da Silva

Tradução e Notas
Fernando Dias Andrade

Revisão
Marcus Macsoda Facciollo

Proibida a reprodução total ou parcial desta obra,
de qualquer forma ou meio eletrônico, mecânico,
inclusive através de processos xerográficos,
sem permissão expressa do editor
(Lei nº 9.610/98).

Todos os direitos reservados pela
ÍCONE EDITORA LTDA.
Rua das Palmeiras, 213 – Sta. Cecília
CEP 01226-010 – São Paulo – SP
Tels./Fax.: (011)3666-3095
www.iconelivraria.com.br
editora@editoraicone.com.br

SUMÁRIO

SUMÁRIO COMPARATIVO, 7
PREFÁCIO DO EDITOR FERDINAND TÖNNIES
    PARA A ED. DE 1889, 9
EPÍSTOLA DEDICATÓRIA, 17
CAPÍTULOS:
    Divisão geral das faculdades naturais do homem, 19
    A causa da sensação, 21
    Da imaginação e dos seus tipos, 27
    Dos vários tipos de discursão da mente, 33
    Dos nomes, do raciocínio e do discurso da língua, 37
    Do conhecimento, da opinião e da crença, 43
    Do prazer e da dor; do bom e do ruim, 47
    Dos prazeres das sensações; da honra, 51
    Das paixões da mente, 57
    Da diferença entre os homens ao discernirem a faculdade e a causa, 69
    Quais imaginações e paixões os homens têm aos nomes de coisas
        sobrenaturais, 75
    Como, por deliberação das paixões, procedem as ações dos
        homens, 83
    Como, pela linguagem, os homens trabalham sobre as idéias
        uns dos outros, 87

Do estado e direito da natureza, 93
Do direito natural desapossado por doação e convenção, 99
Algumas das leis de natureza, 107
Outras leis de natureza, 113
Uma confirmação do mesmo tirada da Palavra de Deus, 121
Da necessidade e definição de um corpo político, 127
Dos requisitos para a constituição de uma república, 133
Dos três tipos de república, 145
Do poder dos senhores, 153
Do poder dos pais, ou reino patrimonial, 159
Comparação dos inconvenientes dos vários tipos de governo, 165
Que os súditos não são obrigados a seguir seus juízos particulares nas questões de religião, 173
Que os súditos não são obrigados a seguir o juízo de qualquer autoridade em controvérsias de religião que não dependem do poder soberano, 187
Das causas da rebelião, 195
Do dever daquele que detém o poder soberano, 205
Da natureza e tipos de leis, 211

Sumário Comparativo

Partes	Capítulos		*Elementos da lei:* Divisão de capítulos em 1640 (*manuscrito*) e 1889 (*ed. Tönnies*)	Divisão de capítulos em 1650 (*Human nature* e *De corpore politico*)
Parte I Concernente aos homens como pessoas naturais	Das faculdades discretivas	Divisão geral das faculdades naturais do homem	EL I i	HN i
		A causa da sensação	EL I ii	HN ii
		Da imaginação e dos seus tipos	EL I iii	HN iii
		Dos vários tipos de discursão da mente	EL I iv	HN iv
		Dos nomes, do raciocínio e do discurso da língua	EL I v	HN v
		Do conhecimento, da opinião e da crença	EL I vi	HN vi
	Das faculdades motrizes	Do prazer e da dor; do bom e do ruim	EL I vii	HN vii
		Dos prazeres e das sensações; da honra	EL I viii	HN viii
		Das paixões da mente	EL I ix	HN ix
	Da diferença entre os homens ao discernirem a faculdade e a causa		EL I x	HN x
	Quais imaginações e paixões os homens têm aos nomes de coisas sobrenaturais		EL I xi	HN xi
	Como, por deliberação das paixões, procedem as ações dos homens		EL I xii	HN xii
	Como, pela linguagem, os homens trabalham sobre as idéias uns dos outros		EL I xiii	HN xiii
	Da condição dos homens na mera natureza	Do estado e direito de natureza	EL I xiv	CP I i
		Do direito natural desapossado por doação e convenção	EL I xv	CP I ii
	Das leis naturais	Algumas das leis de natureza	EL I xvi	CP I iii
		Outras leis de natureza	EL I xvii	CP I iv
		Uma confirmação do mesmo tirada da Palavra de Deus	EL I xviii	CP I v
	Da necessidade e definição de um corpo político		EL I xix	CP I vi

Parte II Concernente aos homens como um corpo político	Da geração e dos tipos de governo	Dos requisitos para a constituição de uma república	EL II i	CP II i
		Dos três tipos de república	EL II ii	CP II ii
		Do poder dos senhores	EL II iii	CP II iii
		Do poder dos pais, ou reino patrimonial	EL II iv	CP II iv
	Comparação dos inconvenientes dos vários tipos de governo		EL II v	CP II v
	Que a decisão das controvérsias na religião depende no poder soberano	Que os súditos não são obrigados a seguir seus juízes particulares nas questões de religião	EL II vi	CP II vi
		Que os súditos não são obrigados a seguir o juízo de qualquer autoridade em controvérsias de religião que não dependem do poder soberano	EL II vii	CP II vii
	Das causas da rebelião		EL II viii	CP II viii
	Do dever daquele que detém o poder soberano		EL II ix	CP II ix
	Da natureza e tipos de leis		EL II x	CP II x

PREFÁCIO DO EDITOR
FERDINAND TÖNNIES PARA A ED. DE 1889

    A obra que constitui a substância deste volume foi inicialmente conhecida na forma de dois tratados separados, dos quais o primeiro, contendo os primeiros treze capítulos da primeira parte dos *Elementos da lei*, intitulava-se *Human Nature; or the Fundamental Elements of Policy. Being a discovery of the faculties, acts, and passions of the soul of man, from their original causes: according to such philosophical principles as are not commonly known or asserted* [*Natureza humana; ou Os Elementos Fundamentais da Sociedade. Sendo uma descoberta das faculdades, ações e paixões da alma do homem, a partir das suas causas naturais: de acordo com princípios filosóficos que não são comumente conhecidos ou afirmados*]. O segundo tratado continha o resto da primeira parte, juntamente com a segunda, e se intitulava *De Corpore Politico; or the Elements of Law, Moral and Politic, with discourses upon moral heads, as: of the law of nature; of several kinds of government, with the changes and revolutions of them* [*Do Corpo Político; ou os Elementos da Lei, Moral e Política, com estudos sobre categorias morais, como: da lei de natureza; dos vários tipos de governo, com suas transformações e revoluções*].

    Esses dois tratados foram publicados pela primeira vez no ano de 1650, e uma segunda edição do primeiro, *Human Nature*, foi lançada no ano seguinte.[1] Esse tratado foi provido de um prefácio, assinado com as iniciais F. B., no qual é dito que um amigo do autor dele obteve sua permissão para publicá-lo, e que devia constituir a segunda parte do sistema hobbesiano de filosofia, sendo que a terceira e última parte deste já era conhecida como o livro latino *Elementa Philosophica de Cive* [Elementos Filosóficos do Cidadão].[2] Ao mesmo tempo, o escritor do prefácio coloca "que não poderia ter obtido repentinamente o conselho do autor" com respeito a quaisquer mudanças que ele aparentemente teria por desejáveis na Epístola Dedicatória, e ela foi impressa, conforme encontramo-la nos manuscritos, de acordo com a data de 9 de maio de 1640, "como se nada tivesse acontecido desde então". Agora, essa Epístola Dedicatória tornou-se quase sem sentido, anteposta tal como fora ao fragmentário tratado sobre a *Natureza humana*, e não à obra inteira para a qual tinha sido projetada. Nem é o segundo tratado, o *De corpore politico*, que também tem uma nota preliminar ao leitor, neste caso não assinada, introduzido por alguma alusão à unidade original da obra, exceto que a "primeira parte" é dita depender de um tratado anterior sobre a *Natureza humana*, escrito pelo Sr. Hobbes, mas a relação de quaisquer tratados com o *De cive* não é, outra vez, apontada. Agora é verdade que este livro inglês, o *De corpore politico*, corresponde em seu argumento ao latino *De cive*, apesar deste último ser muito alterado em certos pormenores, e ser muito ampliado por uma consideração mais completa das questões religiosas, que ocupam a terceira seção da obra, tendo a primeira e a segunda tratado da "Libertas" [liberdade] e do "Imperium" [domínio], respectivamente. Mas o próprio autor não pode ter pretendido, a qualquer tempo, que os treze capítulos sobre a *Natureza humana* fossem tomados como representando o *De homine* [Do homem], e constituindo, assim, a segunda seção do seu sistema: existe, na verdade, alguma evidência mostrando que antes dessa época ele já havia disposto essa seção num fundamento diferente, preen-

---

[1] Mas vale a pena notar que as cópias do *Human Nature* que podem ser encontradas naquela coleção única no British Museum, chamada "the King's Pamphlets" [os Panfletos do Rei], têm o ano da primeira edição alterado por uma mão tardia para 1649, e a data de 2 de fevereiro adicionada; e o ano da segunda edição alterado para 1650, com a data de 30 de dezembro; também na cópia do *De corpore politico* é adicionada, ao ano de 1650, a data de 4 de maio. (Nota de Ferdinand Tönnies)

[2] Ou, simplesmente, *Do cidadão*. Tradução brasileira de Renato Janine Ribeiro, São Paulo, Martins Fontes, 1992. (Nota do Tradutor)

chendo-o em grande parte com investigações ópticas. Nem teria ele mesmo preparado uma versão em inglês do *De cive,* o qual apareceu apenas um ano depois (em 1651), se tivesse considerado aquela obra sendo já suficientemente representada pelo *De corpore politico.* A verdade é que esta obra na íntegra, os *Elementos da lei,* tinha sido redigida independentemente de (e sem quaisquer vistas a) um plano sistemático, o que provavelmente não ocupava ainda a mente do filósofo à época em que ele a escreveu. Considerando, além disso, que o próprio Hobbes declarou-se sem um certo conhecimento, como a pessoa que "teve a satisfação de honrar" a parte de sua doutrina "acerca da sociedade meramente civil" (o que evidentemente significa o *De corpore politico*), "com elogios impressos antes dela",[3] podemos inferir que a afirmação no prefácio, citada acima, ao *Natureza humana,* de que a obra foi publicada "com permissão do autor" não tinha autoridade, sendo talvez baseada em nada mais que uma notícia, recebida de segunda mão, de que Hobbes, que residia em Paris àquela época, não tinha objeção pessoal à publicação, como uma obra separada, daqueles treze capítulos sobre a *Natureza humana,* como via de introdução à obra latina, o *De cive,* que cobria em grande parte o mesmo fundamento com o fragmento remanescente dos *Elementos da lei.* Devo acrescentar que a passagem acima citada do panfleto endereçado aos dois professores de Oxford aponta Seth Ward, que à época era o seu maior adversário, como sendo o autor dos "elogios" ("quer o tenhas feito ou não", diz Hobbes, endereçando-se a Ward, "não estou certo, ainda que mo tenham narrado como certo"). Esta suposição é confirmada pelo erudito Anthony Wood, ele próprio um amigo de Hobbes, que diz em seus *Athenae Oxonienses* (vol. III, col. 1209, ed. Bliss) que Seth Ward escreveu a Epístola ao Leitor anteposta ao *Natureza humana,* em nome de Francis Bowman, livreiro de Oxford. Podemos supor, então, que Ward era "o amigo" por cuja autoridade esta, assim como a seguinte, seção dos *Elementos da lei* foi confiada à publicação, apesar de não se poder supor ter ocorrido qualquer comunicação acerca do assunto entre ele e o autor.

Existe ainda uma outra referência nos últimos escritos de Hobbes a esta obra, a saber, nas *Considerations upon the Reputation, etc., of Thomas Hobbes* [Considerações sobre a reputação, etc., de Thomas Hobbes]

---

[3] De um panfleto endereçado no ano de 1656 por Hobbes aos dois professores de Oxford, Ward e Wallis: *English Works*, ed. Molesworth, vol. VII, p. 336. (Nota de Ferdinand Tönnies)

(*English Works,* ed. Molesworth, vol. IV, p. 414), onde ele afirma que em 1640 escreveu "um pequeno tratado em inglês" sobre o poder e os direitos da soberania, do qual, "apesar de não publicado, muitos senhores possuíam cópias, os quais ocasionalmente muito falam do autor; e não tivesse sua Majestade dissolvido o Parlamento, teria aquilo colocado sua vida em perigo".

Dessas cópias manuscritas, as melhores que foram transmitidas a nós foram consultadas e cuidadosamente cotejadas (primeiro em 1878, e outra vez mais recentemente) pelo presente editor, que com isso foi levado a descobrir que o texto das edições impressas da obra (das quais várias apareceram antes da edição Molesworth, notadamente as contidas no belo fólio intitulado *The Moral and Political Works of Thomas Hobbes [As obras morais e políticas de Thomas Hobbes],* London, 1750) tinha muitíssimos erros e algumas omissões, especialmente naquela parte da obra conhecida como *Human nature,* sendo a segunda parte, *De corpore politico,* evidentemente tomada de uma cópia melhor, e também mais cuidadosamente impressa. Sob tais circunstâncias, pareceu-me que uma nova edição da obra inteira, em sua forma original, e baseada sobre uma autoridade manuscrita, era devida ao próprio filósofo, assim como provavelmente se provaria útil aos seus leitores. Os MSS. que formam a base da presente edição são os seguintes: (A) Harl. 4235, (B) Harl. 4236, (C) Egert. 2005, (D) Harl. 6858, (E) Harl. 1325 — todos no Museu Britânico; e (H), uma cópia preservada entre os papéis de Hardwick referentes a Hobbes.[4] Todas essas cópias levam um único título, *Elementos da lei natural e política,* e não todas co-extensivas, à exceção de (D), que consiste apenas nos treze primeiros capítulos, sendo, suponho, uma cópia tomada depois que o *De cive* já havia aparecido e se tornado conhecido. Entre esses manuscritos, não há dúvida de que (A) detém o primeiro lugar em autoridade, contendo assim muitos traços da própria mão do autor, inclusive a assinatura na Epístola Dedicatória, e muitas correções, assim como acréscimos, alguns dos quais não se encontram em (B), embora este último seja, nos demais aspectos, nada além de uma cópia de (A), variando apenas em questões menores, algumas de suas variantes sendo melhor elaboradas. (C) parte mais amplamente de ambos, os já mencionados manuscritos, tendo sido transcrito,

---

[4] Sou grandemente agradecido à gentileza de Sua Alteza, o Duque de Devonshire, por autorizar-me a examinar estes papéis em Hardwick em 1878. (Nota de Ferdinand Tönnies)

penso eu, de uma cópia mais antiga e menos correta. Os últimos dois, do Museu Britânico, os manuscritos (D) e (E), foram evidentemente copiados de (A), da forma como este permanece. O caso é bem diferente com o manuscrito Hardwick (H), que é a cópia mantida pelo autor em seu próprio poder, as demais sendo antes projetadas para servir de cópias de um livro publicado, se bem que só escrito e não impresso – um modo de publicação que, ainda ao tempo de Hobbes, não se tornara universal. Esse manuscrito Hardwick, portanto, tem um valor peculiar por mostrar traços do atual crescimento e desenvolvimento da obra, como se verá por várias referências a ele em minhas notas críticas. Nestas, eu forneci também um registro completo e exato dos pontos nos quais o texto impresso ou vulgar, tal como representado pela edição Molesworth, parte da leitura dos manuscritos, bem como dos mais importantes lugares nos quais um manuscrito difere do outro.[5] Ver-se-á haver muito acordo entre (C) e (H) e o texto vulgar por um lado, e entre o resto dos manuscritos e esta edição, por outro.

    Aqui eu não poderia deixar de mencionar que foi por um prévio exame dos manuscritos Hardwick que o Professor G. Croom Robertson foi levado independentemente a reconhecer a unidade original da presente obra, e a constatar a importância, para uma correta compreensão da doutrina política de Hobbes, do fato de que as duas partes desta obra constituem juntas o "breve tratado em inglês" mencionado pelo filósofo numa data posterior. (Cf. o artigo "Hobbes" do Professor Robertson na *Encyclopaedia Britannica*, 9.ª ed.) Aqui também sou obrigado a expressar minha gratidão pelo encorajamento e assistência que são liberalmente prestados pelo Professor Robertson a este meu empreendimento, que eu gostaria de recomendar em referência à sua autoridade no assunto.

    Do conteúdo do próprio livro pouco necessita ser dito aqui, exceto que ele contém a mais antiga e mais breve, mas ao mesmo tempo já amadurecida, concepção de uma doutrina que o autor não apenas, como eu já endossei, incorporou ao seu sistema tripartite de filosofia, mas também discutiu sobre a mesma estrutura em seu famoso *Leviatã*, onde ele

---

    [5] Tönnies se refere, aqui, ao aparato crítico que elaborou para a sua edição de 1889, em que registra todas as diferenças de texto; tais notas, que acompanham mais propriamente a edição do texto original em inglês, não serão aqui traduzidas, por serem consideradas sem interesse para os propósitos da presente edição brasileira. (Nota do Tradutor)

especialmente se preocupa, todavia, com a consideração da lei eclesiástica em sua relação como o Estado onipotente. O fato de que neste primeiro tratado seu polêmico empreendimento é inteiramente desenvolvido, e a idéia de que a república (*commonwealth*) enquanto um agigantado corpo humano é apenas prenunciada, torna uma comparação sua com o *Leviatã*, que tem mais de três vezes seu tamanho, uma tarefa muito instrutiva e interessante. E é digno de nota que a parte desta obra mais antiga que trata da *Natureza humana* foi declarada por muitos críticos como a melhor das composições do nosso autor. Isto, conforme aprendi a partir da primeira dissertação de Dugald Stewart prefixada na 8.ª edição da *Encyclopaedia Britannica,* era a opinião de Addison; e outros juízes realmente competentes se pronunciaram sobre o mesmo tratado em termos do mais alto louvor. Posso citar como um exemplo as palavras de James Harrington, um contemporâneo de Hobbes, ele mesmo um autor de mérito considerável em filosofia política (*Prerogative of a Popular Government,* liv. I, cap. 8): "Opus-me", diz ele, "à política do Sr. Hobbes, a apresentar-lhe o que ele me ensinara, com o mesmo desdém com que ele se opusera àqueles grandes autores [...] Entretanto, na maioria das outras coisas, eu firmemente creio que o Dr. Hobbes é, e será conforme se forem contando os anos, o melhor escritor dos dias atuais no mundo. E quanto aos seus tratados sobre a natureza humana, e sobre a liberdade e a necessidade, eles são os maiores em novas luzes, e aqueles que eu segui e seguirei". A isto deve ser juntado o julgamento de Diderot: "Como Locke me parece prolixo e descuidado", exclama, "La Bruyère e La Rochefoucauld pobres e pequenos, em comparação com esse Thomas Hobbes! É um livro [o tratado sobre a *Natureza humana*] para ler e comentar por toda a vida" (Diderot, *Oeuvres,* ed. Assérat, t. 15, p. 124); e em outra passagem ele recomenda o uso do tratado como um manual: "É uma obra-prima de lógica e de razão" (*Oeuvres,* t. 3, p. 466).

Com respeito ao *De corpore politico,* é talvez válido mencionar que logo após sua aparição longos trechos dele foram impressos em um dos periódicos da época, o *Mercurius politicus* (2 e 9 de janeiro de 1651; n°s. 31 a 34): um fato que possui um certo interesse histórico, ainda mais porque o jornal em questão é conhecido por ter estado sob grande influência de Orwell, e por ter sido publicado "com autorização" (Wood, *Athen. Oxon.* ii, col. 1182, Bliss); e o autor, um certo Marchamont Needham, era um homem que sempre emprestou sua pena aos poderosos, escrevendo primeiro para os presbiterianos, depois para o rei Charles I, e em seguida para a República, e é claro, após a Restauração, para o rei novamente.[6]

[...][7]

ADENDO. Como a publicação deste volume (assim como do volume simultâneo, contendo o *Behemoth*)[8] foi atrasada consideravelmente com relação à data em que o prefácio acima foi escrito, estando o Editor agora apto para informar seus leitores da compreensiva monografia sobre Hobbes recentemente apresentada pelo Prof. Robertson à coleção de Clássicos Filosóficos para os leitores anglófonos; e também para pedir uma menção à revisão desta obra, escrita por ele mesmo, que apareceu no *Monatschefte Philosophische,* em junho de 1887.

Ferdinand Tönnies
Husum (Schleswig-Holstein), março de 1889

---

[6] Needham era também o autor de um livro intitulado *The case od the Commonwealth of England stated,* etc. (1649), do qual uma segunda edição apareceu em 1650 com trechos da *Defensio Regia* de Salmasius e do *De corpore politico* de Hobbes.

Não deve ser esquecido que nessa época o próprio filósofo firmou sua paz com a nova ordem das coisas ao publicar a *Revisão e Conclusão do Leviatã;* embora ele mesmo assevere (*Considerations* l.c. pp. 415, 423) que a obra não foi escrita para garantir seu próprio retorno à Inglaterra, mas justificar e orientar a conduta de um conjunto de cavalheiros que concordavam, ou foram obrigados a concordar, com o Parlamento quanto a guardar seus bens do fisco. De sua própria parte, ele nos assegura nunca ter "percebido qualquer benefício seja da parte de Oliver como de qualquer um de seu partido", e questiona "por que [se o *Leviathan* foi escrito de forma a obter a aprovação do Parlamento] eles não lhe agradeceram por isso, tanto eles como Oliver por seus turnos?". Isto pode talvez servir como refutação de um boato espalhado por um antagonista (J. Dowell, *The Leviathan heretical,* 1683), que Oliver, ao conquistar o Protetorado, "lhe ofertara o grande posto de ser secretário", uma afirmação que seria várias vezes repetida. Ao mesmo tempo, é por um verso sarcástico nos *Vita,* escrito por ele mesmo em dísticos latinos, que o próprio ancião parece contar com certa cortesia concedida a ele desde seu retorno (*Regia conanti calamo defendere iura. Quis vitio vertat regia iura petens?*). Não há dúvida de que ele tinha plena consciência do enorme oceano que o separava dos defensores ortodoxos do direito divino dos reis: uma diferença, entretanto, que muitos dos seus críticos, até hoje, não conseguiram perceber. (Nota de F. Tönnies)

[7] Suprimem-se, aqui, uns poucos parágrafos que tratavam de dois textos publicados como apêndice (Apêndice I: *A short tract of first principles,* Harl. 6796, fol. 297-308; Apêndice II: *Excerpta de Tractatu Optico,* Harl. 6796, fol. 193-266), por razões editoriais não incluídos nesta edição. (Nota do Tradutor)

[8] Tönnies publicou em 1889 tanto os *Elementos da lei* como, em volume separado, o *Behemoth*. Esta edição Tönnies do *Behemoth* serviu de base para a tradução brasileira feita da obra por Eunice Ostrensky, publicada em 2001 pela ed. da Universidade Federal de Minas Gerais. (Nota do Tradutor)

EPÍSTOLA DEDICATÓRIA

A SUA SENHORIA, O CONDE WILLIAM DE NEWCASTLE, GOVERNADOR PARA SUA ALTEZA O PRÍNCIPE, UM DOS MAIS HONORÁVEIS CONSELHEIROS PESSOAIS DE SUA MAJESTADE

Milorde, das duas principais partes da nossa natureza, a Razão e a Paixão, procederam dois tipos de saber, o matemático e o dogmático: o primeiro é livre de controvérsias e disputa, porque consiste apenas em comparar (*in comparing*) figuras e movimento, coisas nas quais a verdade e o interesse dos homens não se opõem um ao outro. No segundo, porém, não existe nada não disputável, porque ele confronta (*compareth*)[1] os homens e interfere em seu direito (*right*)[2] e proveito, nos quais, sempre que a razão estiver contra um homem, estará um homem contra a razão. E daqui decorre que todos aqueles que escreveram sobre a justiça e a sociedade em geral, enchem um ao outro, e a si mesmos, de contradição. Para reduzir essa doutrina às regras e à infalibilidade da razão, não há caminho além de, primeiro, derrubar tais princípios em troca de uma fundação,

---

[1] É de se notar o reforço trazido pelo mesmo verbo, em inglês, utilizado por Hobbes, *to compare*, que significa tanto *comparar* quanto *confundir*. (NT)

[2] No original, *their right*, isto é, o direito subjetivo; por convenção, *right* e *rights* serão sempre traduzidos por *direitos*, no plural, indicando de forma evidente que se trata de direito subjetivo ou de faculdade jurídica, à diferença de *law*, traduzida sempre por *lei*, mas que em certas situações inequívocas pode ser traduzida por *direito* (no singular, ou seja: na ordem civil, o direito positivo). (NT)

como a paixão insuspeitada, que não se possa remover; e, em seguida, erguer sobre isso a verdade de casos na lei de natureza (a qual até agora tem sido construída sobre o ar) passo a passo, até que o conjunto seja irreprimível. Então, Milorde, os princípios convenientes a uma tal fundação são aqueles que eu antes disso notara a Sua Senhoria também em conversas particulares, e os quais, sob vossa ordem, aqui coloquei num método. Com isto, o examinar casos entre soberano e soberano, ou entre soberano e súdito, deixo àqueles que encontrarem ócio e estímulo para tanto. Da minha parte, apresento isto a Sua Senhoria, para a verdadeira e única fundação de tal ciência. Quanto ao estilo é, por conseguinte, o pior, porque fui forçado a preocupar-me, enquanto escrevia, mais com lógica do que com retórica. Todavia, quanto à doutrina, ela não é brevemente provada; e as suas conclusões são de tal natureza que, por falta delas, o governo e a paz hoje em dia não têm sido nada mais do que um temor recíproco. E seria um benefício incomparável para a república (*commonwealth*) se todo homem abraçasse as opiniões acerca da lei e da sociedade aqui expressas. A ambição deste livro, portanto, ao buscar a aprovação de Sua Senhoria para que se insinue junto daqueles a quem a matéria nele contida diz respeito mais de perto, deve estar justificada. Para mim mesmo, não desejo honra maior do que já dispor da distinta aprovação de Vossa Senhoria, a não ser que o senhor se satisfaça ao me oferecer, em conseqüência daquela, mais exercício sob vossas ordens; às quais eu, agradecido que sou aos seus tantos grandiosos favores, obedecerei, sendo,

De Vossa Senhoria, Milorde, o criado mui humilde e obrigado,
THOMAS HOBBES 9 de maio de 1640.

ELEMENTOS DA LEI NATURAL E POLÍTICA
PARTE I, CAPÍTULO I
OU TRATADO DA NATUREZA HUMANA
CAPÍTULO I

Divisão geral das faculdades naturais do homem[1]

1, 2, 3. Prefácio. 4. A natureza do homem. 5. Divisão das suas faculdades. 6. As faculdades do corpo. 7. As faculdades da mente. 8. O poder cognitivo, as concepções e a imaginação da mente.

1. A verdadeira e claríssima explicação dos elementos das leis natural e política (o que é o meu objetivo presente) depende do conhecimento do que é a natureza humana, do que é um corpo político e do que é isso a que chamamos uma lei (*law*). A respeito desses pontos, da mesma maneira como os escritos dos homens têm se avolumado desde a antigüidade até hoje, assim também aumentaram as dúvidas e controvérsias sobre os mesmos. E, visto que o verdadeiro conhecimento não gera nem dúvida nem controvérsia, mas conhecimento, fica claro a partir de tais controvérsias que aqueles que até agora as escreveram acerca daqueles pontos não compreenderam bem o seu próprio objeto.

---

[1] Os capítulos dos *Elementos da lei* não apresentam título próprio, mas apenas a numeração e os cabeçalhos antecipando o conteúdo de cada parágrafo (ou seção); aqui, os títulos dos capítulos são retirados do índice fixado pela edição Tönnies. (NT)

2. Dano algum posso causar ainda que erre tanto quanto eles, pois deixaria os homens como já estão, em dúvida e em disputa. Porém, como tenciono não assumir nenhum princípio além da confiança, mas apenas fixar na mente dos homens aquilo que eles já conhecem ou podem conhecer por sua própria experiência, espero errar o mínimo. Quando errar, isso terá decorrido de conclusões bem precipitadas, as quais cuidarei de evitar tanto quanto puder.

3. Por outro lado, se raciocinando retamente eu não conquistar a concordância (o que pode muito facilmente acontecer) daqueles que, confidentes de seu próprio conhecimento, não considerarem o que é dito, o erro não terá sido meu, mas deles. Afinal, assim como cabe a mim apresentar as minhas razões, a eles cabe prestar atenção.

4. A natureza do homem é a soma das suas faculdades e potências naturais, tais como as faculdades da nutrição, movimento, geração, sensação, razão, etc. Unanimemente, chamamos estas potências de naturais, e elas estão contidas na definição do homem sob estas palavras: animal e racional.

5. De acordo com as duas principais partes do homem, divido as suas faculdades em dois tipos: faculdades do corpo e faculdades da mente.

6. Desde que não é em nada necessário para o propósito presente distinguir a anatomia das potências do corpo, irei resumi-las nestas três categorias: potência nutriz, potência motriz e potência geratriz.

7. Das potências da mente existem dois tipos: a cognitiva ou imaginativa ou conceptiva, e a motriz. Mas, primeiramente, a cognitiva.

8. Para que se compreenda o que quero dizer por potência cognitiva, devemos recordar e reconhecer que existem continuamente em nossas mentes certas imagens ou concepções das coisas exteriores, de tal modo que se um homem pudesse se manter vivo após ter sido aniquilado todo o resto do mundo, mesmo assim ele poderia guardar a imagem daquele mundo e de todas aquelas coisas que ele antes observara ou percebera nele. Qualquer um, por sua própria experiência, conhecedor da ausência ou destruição das coisas uma vez imaginadas, não causa a ausência ou destruição da própria imaginação. Esta imagem, e as representações das qualidades de coisas exteriores, são o que nós chamamos de nossa cognição, imaginação, idéias, noção, concepção ou conhecimento que temos delas. Quanto à faculdade ou potência (*faculty, or power*) pela qual nós somos capazes de um tal conhecimento, é o que eu chamo aqui de potência cognitiva ou conceptiva, a potência de conhecer ou conceber.

ELEMENTOS DA LEI NATURAL E POLÍTICA
PARTE I, CAPÍTULO II
OU TRATADO DA NATUREZA HUMANA
CAPÍTULO II

A CAUSA DA SENSAÇÃO[1]

2. Definição de sensação. 4. Quatro proposições acerca da natureza das concepções. 5. Prova da primeira proposição. 6. Prova da segunda. 7, 8. Prova da terceira. 9. Prova da quarta. 10. A principal decepção da sensação.

1. Tendo declarado o que eu quero dizer pela palavra concepção, e outras palavras equivalentes a ela, chego agora às próprias concepções, para apontar suas diferenças, suas causas, e a maneira da sua produção, à medida que isso aqui for necessário.

2. Originalmente, todas as concepções procedem da ação da própria coisa da qual são a concepção. Porém, quando a ação é presente, a concepção que ela produz recebe também o nome de *sensação,* e à coisa por cuja ação a sensação é produzida dá-se o nome de *objeto* da sensação.

3. Por nossos diversos órgãos nós temos diversas concepções de diversas qualidades nos objetos. Assim, pela visão nós temos uma concepção ou imagem composta de cor ou figura, as quais são toda a noção e

---

[1] O objeto deste capítulo (sem correspondente no *Do cidadão*) é também tratado no Capítulo I ("Da sensação") da Parte I ("Do homem") do *Leviatã*. (NT)

conhecimento que o objeto nos oferece de sua natureza por meio do olho. Pela audição, nós temos uma concepção chamada som, que é todo o conhecimento que temos da qualidade do objeto a partir do ouvido. E da mesma forma as demais sensações também são concepções de diversas qualidades ou naturezas dos seus objetos.

4. Porque a imagem, que na visão consiste em cor e forma, é o conhecimento que temos das qualidades do objeto por meio daquela sensação, não é tarefa difícil para um homem cair na opinião de que essa cor e essa forma são as próprias qualidades em si mesmas e, pela mesma causa, que o som e o barulho são as qualidades do sino, ou da melodia (*air*). E essa opinião tem sido tão amplamente aceita que o seu contrário deve parecer um grande paradoxo; e ainda que a introdução de espécies visíveis e inteligíveis (algo necessário para que se mantenha tal opinião) atravesse o objeto de ponta a ponta, aquela opinião é pior do que qualquer paradoxo, por ser uma franca impossibilidade. Por isso, esforçar-me-ei em tornar evidentes estes quatro pontos:

1.º Que o sujeito (*subject*) no qual a cor e a imagem são inerentes não é o objeto (*object*) ou coisa vista.

2.º Que realmente não existe nada fora de nós a que chamamos uma imagem ou cor.

3.º Que a dita imagem ou cor é antes uma aparição a nós daquele movimento, agitação ou alteração, que o objeto opera no cérebro, ou nos humores (*spirits*), ou em alguma substância interna da cabeça.

4.º Que, assim como na visão, também nas concepções que surgem das demais sensações, o sujeito de sua inerência não é o objeto, e sim o senciente.

5. Todo homem tem experiência suficiente para ter visto o sol e outros objetos visíveis refletidos na água e em espelhos, e isto, apenas, já basta para a seguinte conclusão: que a cor e a imagem podem estar ali onde a coisa vista não está. Porém, porque pode ser dito que, não obstante a imagem na água esteja não no objeto, mas seja ela uma coisa meramente ilusória (*phantastical*), ainda assim pode haver realmente cor na coisa em si mesma. Incitarei depois a seguinte experiência, de que por diversas vezes os homens vêem diretamente o mesmo objeto em dobro, como duas velas em lugar de uma, algo que pode acontecer por perturbação (*distemper*) ou, diferentemente, sem perturbação, caso um homem o

queira, com cada um dos seus órgãos estando em sua disposição (*temper*) apropriada, ou igualmente perturbadas. As cores e figuras em cada uma das duas imagens de uma mesma coisa não podem ser inerentes a elas, porque a coisa vista não pode estar em dois lugares. Uma dessas imagens daquela coisa não é inerente ao objeto. Todavia, considerando que os órgãos da visão estão em igual disposição ou sob igual perturbação, um deles não pode ser mais inerente do que o outro, e conseqüentemente nenhum deles está no objeto; o que é a nossa primeira proposição, mencionada na seção precedente.

6. Em segundo lugar, que a imagem de qualquer coisa por reflexão num espelho ou na água ou algo semelhante não é alguma coisa dentro ou atrás do espelho, ou dentro ou sob a água, todo homem pode concluir consigo, o que é nossa segunda proposição.

7. Em terceiro, devemos considerar, antes de tudo, que sobre toda grande agitação ou concussão do cérebro (como acontece após um golpe, e especialmente se o golpe é dado sobre o olho) pela qual o nervo óptico sofre alguma forte violência, aí aparece diante dos olhos uma certa luz, luz esta que não é em nada exterior, mas uma aparição apenas, sendo reais aí apenas a concussão ou o movimento das partes daquele nervo. Dessa experiência se pode concluir que a aparição da luz exterior, realmente, não é nada mais que movimento interior. Portanto, se dos corpos lúcidos se pode originar o movimento, a fim de afetar o nervo óptico de uma maneira a ele apropriada, resultará uma imagem de luz em alguma parte daquele rastro no qual o movimento acabou de ser originado no olho; ou seja, resultará no objeto, caso olhemos diretamente para ele, e no espelho ou na água, quando olhamos para ele através da linha da reflexão, o que com efeito é a terceira proposição, a saber: Que a imagem e a cor são nada mais que uma aparição a nós daquele movimento, agitação ou alteração, que o objeto opera no cérebro ou nos humores, ou em alguma substância interna da cabeça.

8. Mas que de todos os corpos lúcidos, brilhantes e iluminados existe um movimento produzido no olho e, através do olho, no nervo óptico, e dessa forma dentro do cérebro, pelo qual é produzida aquela aparição da luz ou da cor, não é difícil provar. E primeiro, é evidente que o fogo, o único corpo lúcido aqui na terra, opera por movimento igualmente por todos os lados; a tal ponto que, se esse movimento cessar ou

for contido, estará então extinto, e não haverá mais fogo. E, além disso, também fica claro pela experiência que aquele movimento pelo qual o fogo opera é dilatação e contração dele mesmo alternadamente, algo a que damos comumente o nome de cintilação ou incandescência. Desse movimento no fogo deverá se originar, numa parte do meio que dele estiver próximo, uma rejeição ou aversão, pela qual a parte seguinte será também rejeitada, e sucessivamente uma parte rejeitará a outra até que se atinja o próprio olho; e da mesma maneira, a parte exterior do olho (observadas, ainda, as leis da refração) pressionará a parte interior. Quanto à superfície interior do olho, ela nada mais é que uma parte do nervo óptico, de modo que o movimento de certa forma ainda continua dentro do cérebro, e por resistência ou reação do cérebro outra vez haverá um impulso no nervo óptico. Quanto a este, já que não o concebemos como um movimento ou impulso interior, mas pensamos que é algo exterior, chamamos luz; exatamente como já fora mostrado na experiência do golpe. Não temos razão para duvidar de que a fonte da luz, o sol, opere através de outros meios além do fogo, ao menos no que respeita a essa matéria; e assim toda visão tem a sua origem naquele movimento, tal como aqui ele foi descrito. Afinal, onde não existe luz, não existe visão e, por conseguinte, a cor deve também ser a mesma coisa que a luz, enquanto for o efeito dos corpos lúcidos. Como diferença entre ambas existe apenas o seguinte, que quando a claridade vem diretamente da fonte para o olho, ou indiretamente, por reflexão, dos corpos brilhantes e lustrosos, e nenhum movimento interior em especial altera isso, damo-lhe o nome de luz; mas quando ela chega ao olho por reflexão de corpos ásperos, rudes ou grosseiros, ou quando são afetados por movimentos internos a eles próprios, que podem vir a alterar a luz, damo-lhe o nome de cor. A cor e a luz diferem apenas nisso, que uma é luz pura, e a outra luz perturbada. Pelo que, do que acaba de ser dito, fica manifesta não apenas a verdade da terceira proposição, mas também o inteiro modo de produção da luz e da cor.

9. Assim como, conforme foi descrito, a cor não é inerente ao objeto, mas sim um efeito deste sobre nós, causado por um certo movimento no objeto, da mesma forma ela não é um som na coisa o que nós ouvimos, mas em nós mesmos. Um sinal (*sign*) manifesto disso é que, assim como o homem pode ver em dobro ou triplo, da mesma forma ele

pode assim ouvir, por multiplicação de ecos, ecos estes que são sons assim como o som original; e não estando em um e mesmo lugar, não podem estar inerentes no corpo que os causa. Nada pode causar alguma coisa em si mesmo: o badalo não possui som nele mesmo, mas apenas movimento, e causa movimento nas partes internas do sino, de maneira que o sino tem movimento, e não som. O que confere movimento ao ar; e o ar tem movimento, mas não som. Por meio do ouvido e dos nervos, o ar confere movimento ao cérebro, e este ganha movimento, mas não som. Do cérebro, o movimento é, através dos nervos, novamente impulsionado para fora, e daí se torna uma aparição exterior à qual damos o nome de som. E passando ao resto dos sentidos, é manifesto o bastante que o cheiro e o gosto de uma mesma coisa não são os mesmos para cada homem, e por conseguinte, eles não estão na coisa cheirada ou provada, mas nos homens. Da mesma maneira, o calor que sentimos do fogo está manifestamente em nós, e é bem diferente do calor que está no fogo. Pois o nosso calor é prazer ou dor conforme seja excessivo ou moderado; todavia, não existe na brasa nem uma coisa nem outra. Com isso fica provada a quarta e última proposição, qual seja: Que, assim como a concepção pela visão, também nas concepções que procedem dos outros sentidos o sujeito de sua inerência não é o objeto, mas é o senciente.

10. E disso também se segue que quaisquer que sejam os acidentes ou qualidades que os nossos sentidos nos façam pensar que estão no mundo, aqueles não estão neste, mas são visões ou aparições apenas. As coisas que realmente estão no mundo exterior, são aqueles movimentos pelos quais tais visões são causadas. E essa é a grande decepção da sensação, que também deve ser corrigida pela sensação: pois assim como a sensação me dá a noção, quando eu vejo diretamente, de que a cor parece estar no objeto, da mesma maneira ela me dá a noção, quando eu vejo por reflexão, de que a cor não está no objeto.

ELEMENTOS DA LEI NATURAL E POLÍTICA
PARTE I, CAPÍTULO III
OU TRATADO DA NATUREZA HUMANA
CAPÍTULO III

Da imaginação e dos seus tipos[1]

1. Definição de imaginação. 2. Definição de sono e de sonhos. 3. As causas dos sonhos. 4. Definição de ficção. 5. Definição de fantasmas. 6. Definição de recordação. 7. Em que consiste a recordação. 8. Por que num sonho um homem nunca pensa que sonha. 9. Por que poucas coisas parecem estranhas nos sonhos. 10. Que um sonho pode ser tomado por realidade e visão.

1. Assim como a água parada posta em movimento pelo golpe de uma pedra ou pelo sopro do vento não abandona o seu movimento tão logo o vento deixa de soprar ou a pedra repousa, da mesma forma não cessa o efeito que o objeto produz sobre o cérebro, tão logo seja desviado do órgão sobre o qual o objeto deixa de operar; ou seja, embora a sensação seja passada, a imagem ou concepção permanece, só que fica mais obscura quando estamos acordados, porque um ou outro objeto continuamente cerca ou solicita nossos olhos e ouvidos, mantendo a mente num movimento mais forte, por meio do qual o mais fraco não aparece facilmente. E essa concepção obscura é o que chamamos por *fantasia*, ou

---

[1] O objeto deste capítulo (sem correspondente no *Do cidadão*) é também tratado no Capítulo II ("Da imaginação") da Parte I ("Do homem") do *Leviatã*. (NT)

imaginação. Definindo-a, a imaginação é a concepção remanescente e pouco a pouco esmaecida do e após o ato da sensação.

2. Mas quando não existe sensação presente, como no *sono*, então as imagens remanescentes a partir da sensação (quando houver alguma), assim como nos sonhos, não são obscuras, mas fortes e claras, como na própria sensação. A razão para isso é que foi removido quem ofuscou e enfraqueceu as concepções, isto é, a sensação, e a operação presente dos objetos: pois o sono é a privação do ato de sentir (a potência remanescente) e os sonhos são a imaginação daqueles que dormem.

3. As causas dos *sonhos*, se são naturais, são as ações ou a violência das partes interiores de um homem sobre o seu cérebro, graças às quais as passagens da sensação, amortecidas durante o sono, são restauradas ao seu movimento. Os sinais pelos quais isso parece dar-se dessa forma são as diferenças entre os sonhos provenientes de diferentes acidentes do corpo humano. Sendo os homens idosos comumente menos saudáveis e menos libertos de suas dores interiores, estão com isso mais sujeitos aos sonhos, especialmente sonhos dolorosos, tais como sonhos luxuriosos, ou sonhos angustiantes, conforme o coração ou outras partes interiores operem mais ou menos sobre o cérebro, por maior ou menor calor. Assim também a origem de diferentes tipos de flegma faz alguém sonhar com diferentes sabores de carnes e bebidas. E eu acredito na existência de uma reciprocidade de movimento do cérebro para as partes vitais, e novamente das partes vitais para o cérebro; pelo que não apenas a imaginação engendra o movimento naquelas partes, mas também o movimento nas partes engendra a imaginação conforme aquilo pelo que ela foi engendrada. Se isso for verdade, e também que as imaginações tristes alimentam a bile, então constatamos também uma causa, de por que uma bile forte reciprocamente causa sonhos desagradáveis, e por que os efeitos da lascívia podem produzir num sonho a imagem de alguma pessoa que os tenha causado. Se bem se observa, a imagem da pessoa num sonho é tão correspondente ao calor acidental daquele que sonha, como corresponde a esta o seu calor quando está acordada; se assim for, então tal movimento é recíproco. Outro sinal de que os sonhos são causados pela ação das partes interiores é a desordem e conseqüência fortuita de uma concepção ou imagem sobre outra: pois, quando estamos acordados, o pensamento ou concepção antecedente introduz e é causa do conseqüente, assim como a água segue

o dedo de um homem sobre uma mesa seca e plana. Nos sonhos, porém, comumente não existe coerência (e quando esta existe, isso é por acaso), algo que deve proceder do seguinte, que nos sonhos o cérebro não é restaurado ao seu movimento igualmente em todas as partes. Disso se segue que os nossos pensamentos nos aparecem tal como aparecem as estrelas por entre as nuvens revoantes, não segundo a ordem que um homem escolheria para observá-las, mas conforme permite o vôo incerto das nuvens descontínuas.

4. Assim como quando a água, ou qualquer outra coisa líquida, uma vez agitada por movimentos diversos, recebe um movimento composto de todos aqueles, assim também o cérebro ou seus espíritos internos, tendo sido agitado por diversos objetos, compõe uma imaginação de diversas concepções que aparecem singularmente à sensação. Por exemplo, uma vez a sensação nos apresenta a figura de uma montanha, e noutra ocasião a cor do ouro; mas a imaginação depois disso tem a ambos de uma só vez numa montanha de ouro. É por essa mesma causa que na imaginação nos aparecem castelos no ar, quimeras e outros monstros que não estão na natureza das coisas,[2] mas foram concebidos pela sensação por partes, em ocasiões diversas. E essa composição é aquilo a que chamamos comumente por *ficção* da mente.

5. Há ainda um outro tipo de imaginação, no qual a clareza disputa com a sensação tanto quanto com o sonho; e que se dá quando a ação da sensação foi longa ou veemente: e essa é uma experiência que é mais freqüente no sentido da visão do que nos demais. Um exemplo desse tipo é a imagem que permanece diante do olho após termos olhado fixamente para o sol. Também são exemplos do mesmo aquelas pequenas imagens que aparecem diante dos olhos no escuro (das quais penso que todos os homens já tiveram experiência, mas dentre eles principalmente aqueles que são temerosos ou supersticiosos). E estas, para distingui-las, podemos chamar de *fantasmas* (*phantasms*).

6. Por meio dos sentidos (que, de acordo com os órgãos, são contados em cinco), somos informados (como já foi dito antes) dos objetos exteriores; e tal noção é a nossa concepção daqueles objetos. Mas nós também temos a noção, de uma maneira ou de outra, das nossas concep-

---

[2] Em latim no original: *rerum natura*. (NT)

ções. Afinal, quando a concepção da mesma coisa ocorre novamente, temos noção de que novamente ela é; ou seja, que nós já tivéramos a mesma concepção antes; o que é o mesmo que imaginar uma coisa passada; o que é impossível para a sensação, que o é unicamente das coisas presentes. Isso, em conseqüência, pode ser contado como um sexto sentido, porém interno (e não exterior, como são os demais), que é comumente chamado de *recordação* (*remembrance*).

7. Pela maneira por meio da qual temos noção de uma concepção passada, devemos recordar que na definição de imaginação foi dito que esta é uma concepção cada vez mais esmaecida, ou gradativamente mais obscura. Uma concepção obscura é aquela que representa o inteiro objeto em seu conjunto, mas nenhuma das suas partículas individualmente; e conforme são representadas partes maiores ou menores, do mesmo modo a concepção ou representação firmada será mais ou menos clara. Visto então que a concepção, quando era produzida primeiramente pela sensação, era clara, e representava as partes do objeto distintamente; e quando ela uma outra vez ocorre é obscura, sentimos faltar alguma coisa que esperávamos, pelo que a consideraremos passada e esmaecida. Por exemplo, um homem que está presente numa cidade estrangeira não apenas vê ruas inteiras, mas pode também distinguir casas singulares, e partes de casas; a partir daí, entretanto, ele não poderá distingui-las em sua mente de forma tão particular como fizera antes, pois alguma casa ou algum caminho lhe escaparão; isto, ainda, é recordar a cidade; quando, depois disso, lhe escaparem aí mais particularidades, também isso será recordar, mas não tão bem. Com o passar do tempo, a imagem da cidade retorna, mas somente como uma massa de prédios, o que é quase que tê-la esquecido. Visto então que a recordação é maior ou menor conforme achamos mais ou menos obscuridade, por que não pensarmos a recordação como sendo nada mais do que a falta das partes, que todo homem espera dever acontecer depois de terem formado uma concepção do todo? Observar de uma grande distância de espaço, e recordar de uma grande distância de tempo, é ter semelhantes concepções da coisa: pois aí se deseja a distinção de partes em ambas, uma concepção sendo fraca por operação à distância, a outra por esmaecimento.

8. Com base no que acaba de ser dito, segue-se portanto que um homem jamais pode saber que sonha; ele pode sonhar que duvida, quer

seja isso um *sonho* ou não; mas a clareza da imaginação representa cada coisa com tantas partes quantas fornece a própria sensação e, por conseguinte, esse homem poderá ter noção só do que for presente; ao passo que pensar que sonha é pensar passadas aquelas suas concepções, isto é, mais obscuras do que se estivessem na sensação. Desse modo, deve pensar que ambas são tão claras quanto menos claras do que a sensação, o que é impossível.

9. Do mesmo fundamento segue-se que os homens não se espantam em seus sonhos com lugares e pessoas, como se eles estivessem acordados. Pois, estando acordado, um homem pensaria ser estranho estar num lugar onde nunca esteve antes, e nada recordar de como chegou até ali; mas num sonho, muito pouco disso é levado em consideração. A clareza da concepção, num sonho, joga longe a desconfiança, a menos que o estranhamento seja excessivo, como quando se houvesse caído de uma grande altura sem sentir dor, circunstância na qual muito comumente se acorda.

10. Nem é impossível para um homem enganar-se sobre um sonho passado, pensando que ele é real. Pois se ele sonha coisas que estão ordinariamente na sua mente, e segundo uma ordem tal qual ele usa estando acordado, com isso ele é levado a adormecer no lugar onde se encontra quando acorda (todas essas coisas podem acontecer), não conheço *kritérion* ou marca (*mark*) pela qual ele possa discernir aquilo que foi um sonho ou não, e portanto torne menos espantoso ouvir um homem por vezes falar do seu sonho como se tivesse sido uma verdade, ou tomá-lo como uma visão.

ELEMENTOS DA LEI NATURAL E POLÍTICA
PARTE I, CAPÍTULO IV
OU TRATADO DA NATUREZA HUMANA
CAPÍTULO IV

Dos vários tipos de discursão da mente[1]

1. O discurso. 2. A causa da coerência dos pensamentos. 3. A busca.
4. A sagacidade. 5. A reminiscência. 6. A experiência. 7. A expectativa.
8. A conjectura. 9. Os sinais. 10. A prudência.
11. Obstáculos quanto a concluir a partir da experiência.

1. A sucessão das concepções na mente, sua série ou conseqüência de uma após a outra, pode ser casual e incoerente, tal como é nos sonhos para a maioria; e pode ser ordenada, como quando o pensamento anterior introduz o posterior; e isso é o discurso da mente. Mas porque a palavra discurso (*discourse*) é comumente tomada pela coerência e conseqüência de palavras, eu a chamarei (a fim de evitar equívocos) de discursão (*discursion*).[2]

2. A causa da coerência ou da conseqüência de uma concepção sobre outra é a sua primeira coerência, ou conseqüência no momento em

---

[1] O objeto deste capítulo (sem correspondente no *Do cidadão*) é também tratado no Capítulo III ("Da conseqüência ou cadeia de imaginações") da Parte I ("Do homem") do *Leviatã*. (NT)

[2] No início do Cap. III do *Leviatã,* Hobbes deixará de lado a distinção entre *discourse* (discurso) e *discursion* (discursão), distinguindo então entre *discourse in words* (discurso em palavras) e *mental discourse* (discurso mental). (NT)

que foram produzidas pela sensação. Por exemplo, de santo André a mente chega a são Pedro porque os seus nomes são lidos conjuntamente; de são Pedro a uma pedra, pela mesma causa; de pedra para fundação, porque vemos estas palavras juntas; e pela mesma causa, de fundação para Igreja, de Igreja para povo, e de povo para tumulto. De acordo com este exemplo, a mente é capaz de caminhar quase que de qualquer coisa para qualquer coisa. Mas assim como na sensação as concepções de causa e de efeito podem suceder uma à outra, da mesma forma elas podem, a partir da sensação, fazê-lo na imaginação. E é assim que é feito pela maioria. A causa disso é o apetite daqueles que, tendo uma concepção do fim, têm junto dela uma concepção dos meios próximos àquele fim. Como quando um homem, a partir de uma idéia da honra de que ele tem apetite, chega à idéia de sabedoria, que é um meio próximo àquela; e da mesma forma ele chega à idéia de estudo, que é o meio próximo à sabedoria, etc.

3. A fim de omitir aquele tipo de discursão pelo qual procedemos de uma coisa a outra, há do outro tipo espécies diversas. Primeiramente, nas sensações: existem certas coerências das concepções, às quais podemos chamar *buscas* (*ranging*); exemplos para isso são: um homem lançando seu olhar ao chão, de modo a procurar por uma pequena coisa que perdeu; os cães de caça vasculhando um rastro durante uma caçada; e o enfileiramento (*ranging*) dos cães. E o início dessas coisas é por nós tomado arbitrariamente.

4. Outra espécie de discursão se dá quando o início é dado ao homem pelo apetite, como no exemplo anterior, no qual a honra de que um homem tem apetite faz com que ele pense nos meios adequados a alcançá-la, e assim novamente em relação aos seguintes, etc. A isso os latinos chamavam *sagacitas, sagacidade,* o que podemos chamar de caça ou de rastro, tal como quando os cães rastreiam animais através do cheiro, e quando os homens os seguem através das pegadas daqueles; ou como quando os homens buscam riquezas, posição ou conhecimento.

5. Existe ainda um outro tipo de discursão que começa com o apetite de recuperar alguma coisa perdida, procedendo do presente em direção ao passado, do pensamento do local onde demos falta da coisa até o pensamento do lugar no qual nós a perdemos; e desde este pensamento até o pensamento de um lugar anterior, até termos em nossa mente algum lugar no qual estávamos com a coisa que perderíamos: a isso chamamos *reminiscência* (*reministence*).

6. A recordação da sucessão de uma coisa a outra, isto é, do que era o antecedente e do que é o conseqüente, e do que é concomitante, é chamado um experimento (*experiment*); este pode ser feito por nós voluntariamente, tal como quando um homem coloca alguma coisa no fogo, de modo a observar qual efeito o fogo produzirá naquilo; ou pode não ser feito por nós, tal como quando recordamos uma bela manhã após um rubro anoitecer. Ter passado por muitos experimentos, eis o que chamamos de *experiência* (*experience*), a qual nada mais é do que a recordação de quais antecedentes foram seguidos por quais conseqüentes.

7. Nenhum homem pode ter em sua mente uma concepção do futuro, pois o futuro ainda não é. Porém, das nossas concepções do passado, construímos uma futura; ou antes, ao passado chamamos futuro, relativamente. Assim, desde que um homem tenha se acostumado a ver certos antecedentes seguidos por certos conseqüentes, quando ele vê o semelhante passando com algo que tenha visto antes, ele aí considera que deveria seguir-se o mesmo que se seguira então. Como, por exemplo: porque um homem diversas vezes viu ofensas serem seguidas de punição, ao ver no presente uma ofensa, pensa que a punição deverá ser conseqüente a ela. Porém, ao conseqüente daquilo que é presente, os homens chamam futuro. E assim fazemos a recordação ser uma previsão ou conjectura das coisas a vir, ou *expectativa* ou *presunção* do futuro (*expectation or presumption of the future*).

8. Da mesma maneira, se um homem vê no presente algo que ele vira antes, ele pensa que aquilo que fora antecedente da coisa no passado também é o antecedente da coisa vista no presente. Por exemplo: por ele ter antes visto que após o fogo restam cinzas, se agora vir cinzas concluirá novamente que ali houve fogo. A isso recebe outra vez o nome de *conjectura* do passado, ou presunção do fato (*conjecture of the past, or presumption of fact*).

9. Quando por muitas vezes um homem tem observado que certos antecedentes são seguidos por certos conseqüentes, e que sempre que ele vê o antecedente, ele procura novamente o conseqüente; ou quando ele vê o conseqüente, considera aí ter havido um certo antecedente; ele, então, chama tanto o antecedente quanto o conseqüente de *sinais* (*signs*) um do outro, assim como as nuvens são sinais da chuva por vir e a chuva é sinal de nuvens passadas.

10. Essa tomada de sinais a partir da experiência é o meio por onde os homens costumam pensar ordinariamente, restando como diferença entre um e outro homem a sabedoria, pela qual eles comumente com-

preendem a habilidade ou poder cognitivo total de um homem. Mas isso é um erro, pois esses sinais são apenas conjecturais; e conforme eles falhem freqüentemente ou raramente, sua segurança será então maior ou menor; jamais será, todavia, completa e evidente; pois ainda que um homem tenha sempre visto o dia e a noite até hoje se seguirem um ao outro, não pode daí concluir que eles assim farão ou que sempre o fizeram eternamente. A experiência nada conclui universalmente. Se os sinais ocorrerem vinte vezes para cada uma vez que faltarem, um homem poderá apostar vinte vezes por uma no evento; só que não pode concluí-lo como uma verdade. Mas com isso fica claro que eles conjecturarão melhor, que terão uma maior experiência, porque têm mais sinais com os quais conjecturar; esta é a razão pela qual os idosos são mais prudentes, isto é, conjecturam melhor, em iguais circunstâncias[3] do que os jovens: pois, sendo idosos, eles se recordam de mais; e a experiência nada mais é do que recordação. Sobre os homens de ágil imaginação, estes são, em iguais circunstâncias, mais prudentes do que aqueles cuja imaginação é lenta, pois eles observam mais em menos tempo. E a *prudência* (*prudence*) nada mais é do que a conjectura a partir da experiência, ou a tomada cautelosa de sinais a partir da experiência, isto é, que sejam recordados todos os experimentos a partir dos quais são tomados tais sinais; pois os casos não são tão semelhantes quanto podem parecer.

11. Assim como nas coisas conjecturais a respeito do passado e do futuro, é prudência concluir a partir da experiência o que é provável vir a ocorrer ou já ter ocorrido, da mesma forma é um erro concluir daí que ela é assim ou é assim chamada; o que significa dizer que da experiência nós não podemos concluir que alguma coisa deve ser chamada justa ou injusta, verdadeira ou falsa, nem qualquer proposição universal tal como estas, exceto se for por recordação do uso dos nomes impostos arbitrariamente pelos homens. Por exemplo: ter ouvido uma sentença prolatada (para o mesmo caso, a mesma sentença mil vezes) não é o suficiente para que se conclua que a sentença é justa (ainda que a maioria dos homens não possua outros meios para o concluir); mas é necessário, para o delineamento de toda conclusão, rastrear e descobrir, através de muitas experiências, o que os homens querem significar ao chamarem as coisas de justas e injustas, e similares. Além disso, existe um outro obstáculo a ser considerado na conclusão pela experiência, na décima seção do segundo capítulo; qual seja, que não concluímos nos serem exteriores tais coisas, que estão dentro de nós.

---

[3] Em latim no original: *caeteris paribus*. (NT)

ELEMENTOS DA LEI NATURAL E POLÍTICA
PARTE I, CAPÍTULO V
OU TRATADO DA NATUREZA HUMANA
CAPÍTULO V

Dos nomes, do raciocínio e do discurso da língua[1]

1. Das marcas. 2. Os nomes ou apelações. 3. Os nomes positivos ou privativos. 4. A vantagem dos nomes nos torna capazes de ciência. 5. Os nomes universais e singulares. 6. Não há universais na rerum natura. *7. Os nomes equívocos. 8. O entendimento. 9. A afirmação, a negação, a proposição. 10. A verdade, a falsidade. 11. O raciocínio. 12. Conforme a razão, contra a razão. 13. As causas tanto do conhecimento quanto do erro vêm dos nomes. 14. A tradução do discurso da mente para o discurso da língua e os erros daí procedentes.*

1. Sabendo que a sucessão de concepções na mente é causada, tal como foi dito anteriormente, pela sucessão que as concepções tiveram uma em relação à outra quando foram produzidas pelas sensações, e que não existe concepção que não tenha sido produzida imediatamente antes ou após inumeráveis outras, pelos inumeráveis atos da sensação, deve-se seguir necessariamente que uma concepção segue não uma outra, de acordo com nossa escolha e a necessidade que temos dela, mas tal como nos

---

[1] O objeto deste capítulo (sem correspondente no *Do cidadão*) é também tratado no Capítulo IV ("Da linguagem") da Parte I ("Do homem") do *Leviatã*. (NT)

acontece de ouvir ou ver tais coisas conforme elas foram trazidas à nossa mente. A experiência que temos daí ocorre em certos animais selvagens, que, tendo a ocasião de esconder os restos e as sobras de suas caças, tentam contudo recordar o local onde os esconderam e por isso não podem aproveitar aquilo na hora da fome. Já o homem, que nesse aspecto começa a mostrar a si mesmo em algo superior à natureza das feras, observou e recordou a causa desse defeito, e para consertá-lo imaginou e planejou criar uma marca visível ou outra marca sensível, a qual, quando avistada novamente, poderia trazer à sua mente o pensamento que ele teve quando a inventara. Uma *marca* (*mark*), portanto, é um objeto sensível que um homem cria voluntariamente para si, com a finalidade de recordar através disso alguma coisa passada, quando o mesmo for novamente apresentado à sua sensação. Tal como os homens que, passando por uma rocha no oceano, fixam alguma marca, através da qual recordam seu perigo passado e o evitam.

2. Entre essas marcas estão aquelas vozes humanas – as quais chamamos de nomes ou apelações de coisas – sensíveis ao ouvido, pelos quais chamamos à nossa mente algumas concepções das coisas às quais demos aqueles nomes ou apelações. Assim como a apelação branco traz à lembrança a qualidade de certos objetos enquanto produzem aquela cor ou concepção em nós. Um *nome* ou *apelação* (*name or appellation*),[2] portanto, é a voz de um homem, arbitrariamente impressa por uma marca a trazer à sua mente alguma concepção acerca da coisa sobre a qual é impressa.

3. As coisas denominadas (*named*) são tanto os próprios objetos como o próprio homem; ou a própria concepção que temos do homem, como a figura ou o movimento; ou alguma privação, a qual existe quando concebemos que não existe nele algo que nós concebemos. Tal como quando concebemos que ele não é justo, nem finito, estamos dando-lhe o nome de injusto e infinito, que significam uma privação ou defeito seja na coisa denominada ou em nós, que denominamos. E para as próprias privações, nós damos os nomes de injustiça e infinitude. Eis aqui, portanto, duas espécies de nomes: um de coisas, pelos quais concebemos algo, ou das próprias concepções, as quais são chamadas *positivas* (*positive*); o

---

[2] Eu preferiria *denominação* em lugar de *apelação,* mas deixo nesta forma para manter a forma adotada por João Paulo Monteiro e Maria Beatriz Nizza da Silva em sua tradução do *Leviatã* (São Paulo, Abril Cultural, coleção Os Pensadores, várias edições). (NT)

outro, de coisas nas quais concebemos privação ou defeito, e cujos nomes são chamados *privativas* (*privative*).

4. Pela vantagem dos nomes é que nós somos capazes de ciência, da qual os animais, por falta daqueles, não são; nem o homem seria, sem o uso dos nomes, pois um animal sente falta de um ou dois ou mais dos seus filhotes não por meio de nomes de ordem, "um", "dois", e "três", etc., aos quais chamamos números, de modo que sequer um homem poderia, sem repetir oralmente ou mentalmente os termos numerais, saber quantas moedas de dinheiro, ou outras coisas, ele tem à sua frente.

5. Considerando que há muitas concepções de uma e a mesma coisa, e que para toda concepção damos um nome diverso, segue-se que para uma e a mesma coisa nós damos muitos nomes ou atributos; da mesma forma como para o mesmo homem nós damos as apelações de justo, valoroso, etc., graças a diversas virtudes, e de forte, belo, etc., graças a diversas qualidades do corpo. E novamente, porque de diversas coisas nós recebemos semelhantes concepções, muitas coisas precisam receber a mesma apelação. Assim como para todas as coisas que nós vemos, damos a mesma apelação, de visíveis; e para todas as coisas que vemos se moverem, damos a apelação de móveis. E aqueles nomes que nós damos a muitos são chamados *universais* (*universal*) para todos eles, tal como o nome *homem* para cada particular da humanidade; e as apelações que nós damos a uma única coisa são chamadas individuais, ou singulares (*individual, or singular*), como *Sócrates* e outros nomes próprios; ou, por circunlocução, *aquele que escreveu a Ilíada,* para Homero.

6. A universalidade de um nome para muitas coisas tem sido a causa de os homens pensarem que as coisas são elas mesmas universais. E ao afirmarem seriamente que ao lado de Pedro e João, e de todo o resto dos homens que existem, existiram ou existirão no mundo, existe ainda algo mais além do que chamamos por homem, isto é, o homem em geral, eles iludem a si mesmos ao tomarem a apelação universal, ou geral, pela coisa que ela significa. Pois se alguém desejasse que um pintor realizasse para ele a pintura de um homem, o que equivale a dizer de um homem em geral, ele está querendo significar nada mais que o pintor deva escolher qual homem aquele deseja que se pinte, o qual precisa ser algum dentre aqueles que são, ou foram, ou podem ser, mas não de algum que seja universal. Entretanto, caso ele lhe peça que pinte um retrato do rei, ou de alguma pessoa em particular, ele limita o pintor àquela única pessoa que escolheu.

Fica claro portanto, que não existe nada universal além de nomes, os quais são, portanto, ditos indefinidos, porque nós os limitamos não por nós mesmos, mas deixamos que sejam aplicados pelo ouvinte. Ao passo que um nome singular é limitado ou restrito a uma das muitas coisas que ele significa; tal como quando dizemos *este homem,* apontando para ele, ou dando-lhe o seu nome próprio, ou de qualquer outra maneira.

7. As apelações que são universais, e comuns a muitas coisas, não são dadas sempre a todos os particulares (como deveriam ser) para certas concepções e considerações neles todos; o que é causa para que muitos deles não sejam de significação constante, mas formem em nossa mente outros pensamentos além daqueles pelos quais foram ordenados. E tais são chamados *equívocos* (*equivocal*). Como exemplo, a palavra fé (*faith*) algumas vezes significa o mesmo que confiança (*belief*); algumas vezes ela significa particularmente aquela crença (*belief*) que forma um cristão, e algumas vezes significa a guarda (*keeping*) de uma promessa. Também todas as metáforas são (por profissão) equívocas. E quase não existe palavra que não seja tornada equívoca por diversas contexturas da linguagem (*speech*), ou pela diversidade de pronúncia e gestos.

8. Essa equivocação dos nomes torna difícil recuperar aquelas concepções pelas quais o nome foi ordenado; e que não apenas no linguajar de outros homens, no qual devemos considerar a direção, ocasião e contextura da linguagem, bem como as próprias palavras, mas também em nosso discurso, o qual, por ser derivado do costume e do uso comum da linguagem (*speech*), a nós não representa nossas próprias concepções. É pois uma grande habilidade num homem, a partir das palavras, da contextura e de outras circunstâncias da linguagem (*language*), livrar-se da equivocação e descobrir o verdadeiro significado do que foi dito. E a isto chamamos *entendimento* (*understanding*).

9. De duas apelações, com ajuda deste pequeno verbo, *é,* ou algo equivalente, fazemos uma *afirmação* ou *negação* (*affirmation or negation*), cada uma das quais, nas Escolas, chama-se igualmente de proposição, e que consiste de duas apelações colocadas juntas pelo mencionado verbo *é*. Por exemplo, eis uma proposição: *o homem é uma criatura viva;* ou esta: *o homem não é probo* (*righteous*); destas, a primeira é chamada uma afirmação, porque a apelação *criatura viva* é positiva; a última, uma negação, porque *não probo* é privativo.

10. Em toda proposição, seja ela afirmativa ou negativa, a última apelação sempre compreende a primeira, como nesta proposição, *a carida-*

de é uma virtude, na qual o nome *virtude* compreendendo o nome *caridade* (e muitas outras virtudes ao seu lado), e então é a proposição dita *verdadeira,* ou a *verdade* (*true, or truth*), pois a verdade e uma proposição verdadeira são uma só coisa. Ora, além disso, a apelação posterior não compreende a anterior, tal como nesta proposição, *todo homem é justo* (*just*); o nome *justo* não compreende *todo homem,* pois *injusto* é o nome para a maior parte dos homens. E então a proposição é dita *falsa,* ou *a falsidade* (*false, or falsity*), sendo que a falsidade e uma proposição falsa são a mesma coisa.

11. Sobre qual combinação de duas proposições, sejam ambas afirmativas, ou uma afirmativa e a outra negativa, é construído um *silogismo* (*syllogism*), eu me abstenho de escrever. Tudo o que já foi dito acerca dos nomes ou proposições, não obstante seja necessário, não passa de um discurso estéril. E esse lugar não é feito para a arte plena da lógica, na qual, caso eu posteriormente venha a ingressar, não deverei prosseguir. Além disso, sequer é necessário, pois são muito poucos os homens que não têm consigo suficiente lógica natural, por meio da qual são capazes de discernir o bastante se é bem ou mal coordenada qualquer conclusão que eu doravante fizer neste discurso. Até esse ponto, posso dizer que a produção de silogismos é o que nós chamamos de *raciocinação* (*ratiocination*) ou *raciocínio* (*reasoning*).

12. Agora, quando um homem raciocina a partir de princípios que a experiência acha indubitáveis, e desapareçam todas as decepções da sensação e a equivocação das palavras, a conclusão que ele fizer será dita estar de acordo com a reta razão (*right reason*). Mas quando, a partir de sua conclusão, um homem puder através de uma boa raciocinação derivar algo contraditório a qualquer verdade evidente que seja, então dir-se-á que ele concluiu contra a razão, e uma tal conclusão é dita absurda.

13. Assim como a invenção de nomes fora necessária para que os homens se formassem fora da ignorância, ao chamarem para sua memória a coerência necessária de uma concepção à outra, da mesma forma isso também, por outro lado, precipitou os homens no erro. A tal ponto que, embora eles, graças à vantagem das palavras e da raciocinação, superem os animais selvagens em conhecimento, pelas incomodidades que o acompanham eles àqueles superam também em erros. Pois o verdadeiro e o falso são coisas que não ocorrem aos animais, porque aqueles dizem respeito às proposições e à língua (*language*); nem possuem os animais, tal como os homens possuem, raciocinação através da qual multiplicar uma inverdade por outra.

14. É a natureza de quase toda coisa corpórea, por ser freqüentemente movida de uma e mesma maneira, o receber continuamente uma maior e maior facilidade e aptidão para o mesmo movimento, a tal ponto que no tempo o mesmo se torna tão habitual que, para gerá-lo, nada mais é preciso do que iniciá-lo. As paixões do homem, por serem o início dos movimentos voluntários, são também o começo da fala (*speech*), a qual é o movimento da língua (*tongue*). E os homens desejam expor aos demais o conhecimento, opiniões, concepções e paixões que estão neles mesmos, e para esta finalidade inventaram a língua (*language*), por cujos meios transferiram toda aquela discursão de sua mente mencionada no capítulo anterior, pelo movimento de suas línguas (*tongues*), para um discurso de palavras. E a *ratio*, agora, para a maioria não é senão *oratio*,[3] na qual o costume demonstra uma força tão grande que a mente sugere apenas a primeira palavra, seguindo-se o resto habitualmente, sem ser seguido pela mente. Tal como se dá com os mendigos, quando chamam por seu *paternoster*,[4] juntando as mãos e, deste modo, tal como aprenderam da educação dada por suas enfermeiras, por suas companhias, ou por seus professores, não tendo imagens ou concepções em sua mente que correspondam (*answering*) às palavras que pronunciam. E assim como eles aprenderam, é assim que ensinam à sua posteridade. Agora, se considerarmos a força daquelas decepções da sensação, mencionadas no capítulo II, seção 10, e também o quão inconstantemente os nomes têm sido fixados, e quão sujeitos eles estão à equivocação, e quão diversificados são pela paixão (difícil dois homens entrarem em acordo quanto ao que pode ser chamado de bem, e o que pode ser chamado de mal; sobre o que é a liberalidade, e o que é a prodigalidade; sobre o que é o valor, e o que é a temeridade) e quão sujeitos estão os homens ao paralogismo ou à falácia no raciocínio, posso desta maneira concluir que é impossível retificar os tantos erros de cada homem, na medida em que procedem daquelas causas, sem novamente começar a partir dos verdadeiros primeiros princípios de todo o nosso conhecimento: a sensação; e em vez de ler em livros, ler unicamente nas próprias concepções ordenadas de cada um. Neste sentido, eu tomo *Conhece-te a ti mesmo*[5] por um preceito que merece a reputação que adquiriu.

---

[3] Em latim no original: *ratio:* razão, pensamento; *oratio:* discurso. (NT)
[4] Padre-nosso, ou Pai-nosso. (NT)
[5] Em latim no original: *nosce teipsum*. (NT)

ELEMENTOS DA LEI NATURAL E POLÍTICA
PARTE I, CAPÍTULO VI
OU TRATADO DA NATUREZA HUMANA
CAPÍTULO VI

Do conhecimento, da opinião e da crença[1]

1. Dos dois tipos de conhecimento. 2. A verdade e evidência necessárias ao conhecimento. 3. Definição de evidência. 4. Definição de ciência. 5. Definição de hipótese. 6. Definição de opinião. 7. Definição de crença. 8. Definição de consciência. 9. A Crença, em alguns casos, vem não menos da dúvida que do conhecimento.

1. Contou-se em algum lugar a história de alguém que dizia ter sido miraculosamente curado da cegueira, com a qual havia nascido, por santo Albano ou outros santos, na cidade de santo Albano. E estando ali o duque de Gloucester, a fim de conferir a verdade do milagre, perguntou ao homem, "Que cor é esta?", ao que, respondendo que era verde, traiu-se a si mesmo e foi punido por sua falsidade: pois ainda que por meio de sua visão recentemente recebida ele pudesse distinguir entre o verde, o vermelho e todas as outras cores, tanto quanto alguém quisesse interrogá-lo, ele entretanto não poderia ter conhecido de uma primeira visão qual das cores era a chamada de verde, ou vermelho, ou de qualquer outro

---
[1] O objeto deste capítulo (sem correspondente no *Do cidadão*) é também tratado no Capítulo V ("Da razão e da ciência") da Parte I ("Do homem") do *Leviatã*. (NT)

nome. Por meio disso podemos compreender que existem dois tipos de conhecimento, dos quais o primeiro não é nada mais que a sensação, ou conhecimento original, tal como eu disse no início do segundo capítulo, e a recordação do mesmo; o outro tipo é chamado ciência ou conhecimento da verdade das proposições e de como são chamadas as coisas, e é produzido pelo entendimento. Ambos estes tipos são nada mais que a experiência, sendo que o primeiro é a experiência dos efeitos das coisas que operam sobre nós a partir do exterior; e a experiência seguinte os homens têm a partir do uso apropriado dos nomes na língua (*in language*). E dado que toda experiência não é senão recordação, tal como eu já dissera, todo o conhecimento é recordação. E ao primeiro tipo, cujo registro mantemos nos livros, damos o nome de história. Mas os registros do último recebem o nome de ciências.

2. Há duas coisas que são necessariamente implicadas na palavra conhecimento. Uma é a verdade, a outra a evidência. Pois aquilo que não é verdade não pode ser conhecido. Pois, permita-se a um homem dizer que conhece uma coisa jamais conhecida o bastante, se isso mostrar-se posteriormente como falso, ele será levado a confessar que aquilo não era conhecimento, mas opinião. Similarmente, se a verdade não for evidente, ainda que um homem a defenda, o seu conhecimento acerca disso não será maior do que o daqueles que defendem o contrário. Pois se a verdade fosse suficiente para tornar a si conhecimento, toda verdade seria conhecida. Só que não é assim.

3. O que a verdade é, foi definido no capítulo precedente. O que a evidência é, eu afirmo agora: ela é a concomitância da concepção de um homem com as palavras que significam cada concepção no ato da raciocinação. Pois quando um homem argumenta com sua boca apenas, para o que a mente sugere apenas o início, e segue não as palavras de sua boca com as concepções de sua mente, fora do costume de falar deste modo, ainda assim ele inicia sua raciocinação com proposições verdadeiras, e procede através de certos silogismos, e por meio destes chega sempre a conclusões verdadeiras. Ainda não serão evidentes as suas conclusões, por falta da concomitância da concepção com as suas palavras. Pois se as palavras apenas fossem suficientes, um papagaio poderia ser reconhecido como conhecendo a verdade, tanto quanto a linguagem. A evidência é para a verdade o que a seiva é para a árvore: quanto mais estende por sobre o tronco e sobre os galhos, mantém-

nos vivos; e onde ela é arrancada deles, ali eles morrem. Pelo que a evidência, que é o significado com as nossas palavras, é a vida da verdade.

4. O conhecimento disso, ao qual chamamos ciência, eu defino como sendo evidência da verdade, a partir de algum início ou princípio da sensação. Pois a verdade de uma proposição nunca é evidente até que concebamos o significado das palavras ou termos de onde ela consiste, os quais são sempre concepções da mente. Nem podemos nós recordar aquelas concepções sem a coisa que produzira a mesma através das nossas sensações. O primeiro princípio do conhecimento é que temos estas e aquelas concepções. O segundo, que para estas e aquelas nomeamos as coisas das quais são concepções. O terceiro é que nós combinamos aqueles nomes de tal maneira a formar proposições verdadeiras. O quarto é que juntamos tais proposições de maneira que sejam concludentes, e que possa ser conhecida a verdade da conclusão. Destes dois tipos de conhecimento, dos quais o primeiro é a experiência de fato, e o último evidência da verdade. Assim como o primeiro, se é grande, recebe o nome de prudência, o segundo, se é muito, tem sido chamado usualmente, tanto pelos autores antigos quanto pelos modernos, de sapiência ou sabedoria. E desta última, apenas o homem é capaz; da primeira, os animais selvagens também participam.

5. Diz-se que uma proposição é uma hipótese quando, sendo não evidente, é contudo admitida durante certo tempo com a finalidade de, combinando-a com outras proposições, podermos concluir alguma coisa. E para proceder de uma conclusão a outra conclusão, por um juízo no qual a mesma vontade nos leva para alguma conclusão absurda ou impossível; se ela fizer isso, então saberemos que aquela hipótese era falsa.

6. Mas se após termos caminhado por muitas conclusões, não chegarmos a nenhuma que seja absurda, pensaremos então que a proposição é provável. Além disso, nós pensamos como prováveis todas as proposições que admitimos como verdadeiras por algum erro de raciocínio, ou por confiar nos outros homens. E todas estas proposições, tais como são admitidas por confiança ou erro, não dizemos conhecê-las, mas sim que pensamos serem verdadeiras. A essa admissão delas chamamos opinião.

7. E particularmente quando a opinião é admitida pela confiança de outros homens, diz-se que eles acreditam nela. Sua confiança é assim chamada crença, e algumas vezes fé.

8. Eis como é qualquer ciência ou opinião que nós comumente significamos pela palavra consciência. Pois os homens dizem que esta ou aquela coisa é verdadeira em ou com base na consciência; algo que eles nunca fazem, quando pensam que a coisa é duvidosa. Entretanto eles conhecem, ou pensam que conhecem, o que é verdadeiro. Mas os homens, quando dizem coisas com base em suas consciências, não são entretanto presumidos certamente a conhecer a verdade daquilo que dizem; resulta, pois, que aquela palavra é usada por aqueles que têm uma opinião, não apenas da verdade da coisa, mas também do seu conhecimento dela, do qual a verdade da proposição é conseqüente. Defino a consciência, portanto, como a opinião da evidência.

9. A crença, que é a admissão de proposições com base na confiança, em muitos casos não é menos livre da dúvida do que o conhecimento perfeito e claro. Pois assim como não existe nada para o que não haja alguma causa, da mesma forma, quando existe a dúvida, deve ser concebida alguma causa para ela. Agora, existem muitas coisas que nós recebemos a partir do relato de outrem, para as quais é impossível imaginar alguma causa de dúvida. Pois o que poderia ser oposto contra o consenso de todos os homens, em coisas que eles não podem conhecer, e não há causa para relatá-los de outra maneira que não aquela pela qual o foram, tal como se dá na maior parte das nossas histórias, a menos que algum homem pudesse dizer que todo o mundo conspirou para enganá-lo. É o que basta acerca da sensação, da imaginação, da discursão, da raciocinação e do conhecimento, que são as ações da nossa potência cognitiva ou conceptiva. Essa potência da mente à qual nós chamamos motivo difere da potência motriz do corpo. Pois a potência motriz do corpo é aquela pela qual ele move outros corpos, e à qual damos o nome de força. Porém, a potência motriz da mente é aquilo pelo qual a mente concede movimento animal àquele corpo dentro do qual ela existe. As ações daí são nossos afetos e paixões, dos quais eu falarei em geral.

ELEMENTOS DA LEI NATURAL E POLÍTICA
PARTE I, CAPÍTULO VII
OU TRATADO DA NATUREZA HUMANA
CAPÍTULO VII

Do prazer e da dor; do bom e do ruim[1]

1. Do prazer, da dor, do amor, do ódio. 2. O apetite, a aversão, o medo. 3. O bom, o ruim, a formosura, a torpeza. 5. O fim, a fruição. 6. O proveitoso, o uso, o vão. 7. A felicidade. 8. O bem e o mal misturados. 9. O prazer sensual e a dor; a alegria e o desgosto.

1. Na oitava seção do segundo capítulo foi mostrado que as concepções e aparições nada são realmente além de movimento em alguma substância interna da cabeça. Esse movimento não pára aí, mas continua no coração, e deve necessariamente neste auxiliar ou obstar o chamado movimento vital. Quando ele auxilia, recebe o nome de deleite, contentamento ou prazer, ou algum nome equivalente. Os latinos tinham *jucundum, a juvando,* do auxílio. E o mesmo deleite, com referência ao objeto, é chamado amor. Mas quando esse movimento enfraquece ou interrompe o movimento vital recebe então o nome de dor. E com respeito àquilo que o causa, chamam ódio, que os latinos expressam algumas vezes por *odium,* e outras por *taedium.*

---

[1] O objeto deste capítulo (sem correspondente no *Do cidadão*) é também tratado no Capítulo VI ("Da origem interna dos movimentos voluntários vulgarmente chamados paixões; e da linguagem que os exprime") da Parte I ("Do homem") do *Leviatã*. (NT)

2. Esse movimento, que consiste de prazer ou de dor, é também uma solicitação ou provocação, seja para se aproximar da coisa que deseja, ou para afastar-se da coisa que lhe desagrada. E esta solicitação é o esforço (*endeavour*) ou impulso interior (*internal beginning*)[2] do movimento animal, que é chamado *apetite* (*appetite*) quando o objeto deleita, e é chamado *aversão* (*aversion*) acerca do desprazer presente. Mas com respeito ao desprazer expectado, chama-se *medo* (*fear*). Portanto, prazer (*pleasure*), amor (*love*) e apetite, o qual também se chama desejo (*desire*), são diversos nomes para diversas considerações da mesma coisa.[3]

3. Todo homem, da sua própria parte, chama de *bom* (*good*) aquilo que o agrada e lhe é deleitável e chama de *ruim* (*evil*) aquilo que o desagrada. A tal ponto que enquanto todo homem difere do outro em constituição, eles diferem também um do outro no que respeita à distinção comum entre o bom e o ruim. Sequer existe uma coisa tal que seja *agathon haplos*,[4] isto é, simplesmente boa. Pois até a bondade que atribuímos a Deus Todo-Poderoso é a sua bondade para nós. E assim como chamamos de boas ou ruins as coisas que nos agradam ou desagradam, assim também chamamos bondade e ruindade às qualidades ou potências com que no-lo fazem. E os sinais dessa bondade são chamados pelos latinos em uma palavra, *pulchritudo*, e os sinais do mal, *turpitudo*, para os quais nós não temos palavras precisamente correspondentes.[5]

---

[2] O *conatus* segundo Hobbes. (NT)

[3] O que será totalmente diferente na parte III da *Ética* de Espinosa, que em verdade nada tem de hobbesiano mesmo quando concebe o *conatus* em termos muito semelhantes aos de Hobbes – tirados, provavelmente, do *De cive*, cuja segunda edição de 1647 Espinosa possuía. (NT)

[4] Em grego no original. (NT)

[5] *Pulchritudo:* formosura, beleza; *turpitudo:* torpeza, feiúra. Hobbes está dizendo que não há, em inglês, uma palavra *única* que dê conta de *todos* os significados que tais termos latinos comportam, o que ficará mais evidenciado no *Leviatã*, cap. VI, oitavo parágrafo (trad. citada, de João Paulo Monteiro e Maria Beatriz Nizza da Silva): "A língua latina tem duas palavras cuja significação se aproxima das de bom e mau, mas que não são exatamente as mesmas, e são as palavras *pulchrum* e *turpe*. Significando a primeira aquilo que por quaisquer sinais aparentes promete o bem, e a segunda aquilo que promete o mal. Mas em nossa língua não temos nomes suficientemente gerais para exprimir essas idéias. Para traduzir *pulchrum*, a respeito de algumas coisas usamos belo; de outras, lindo ou bonito, assim como galante, honrado, adequado, amigável. Para traduzir *turpe* usamos repugnante, disforme, feio, baixo, nauseante e termos semelhantes, conforme seja exigido pelo objeto. Todas estas palavras, em sua significação própria, indicam apenas o *aspecto* ou disposição que promete o bem e o mal. Assim, há três espécies de bem; o bem na promessa, que é *pulchrum*; o bem no efeito, como fim desejado, que se chama *jucundum*; e o bem como meio, que se chama *utile*, ou *proveitoso*. E outras tantas espécies de mal; pois o mal na promessa é o que se chama *turpe*; o mal no efeito e no fim é *molestum, desagradável, perturbador;* e o mal como meio, *inutile, inaproveitável, prejudicial*". (NT)

4.[6] Assim como todas as concepções que temos imediatamente por meio da sensação são ou o deleite, ou a dor, ou o apetite, ou o medo, da mesma maneira são todas as imaginações a partir da sensação. Mas à medida que forem imaginações mais fracas, serão também prazeres mais fracos, ou dor mais fraca.

5. Como o apetite é o início do movimento animal em direção a algo que nos agrada, da mesma maneira a conquista disso é o *fim* (*end*) desse movimento, do qual também chamamos seu escopo, objetivo e causa final. E quando atingimos aquele fim, o deleite que retiramos daí recebe o nome de *fruição* (*fruition*). De modo que *bonum* e *finis* são nada mais que nomes diferentes para diferentes considerações da mesma coisa.

6. E quanto aos fins, alguns deles são chamados *propinqui*, isto é, ao alcance da mão. Outros fins são *remoti*, distantes desse alcance. Mas quando os fins que estão mais próximos de se alcançar são comparados com aqueles que estão mais distantes, não são chamados fins, mas meios, e caminho até aqueles. Mas quanto a um fim superior (*utmost*), no qual os antigos filósofos puseram a felicidade, e muito discutiram acerca do caminho para chegar até ela, não existe tal coisa neste mundo, nem caminho para ela, mais do que para uma Utopia. Pois, enquanto vivemos, temos desejos, e o desejo pressupõe um fim posterior (*farther*). Aquelas coisas que nos agradam, assim como o caminho ou os meios para um fim posterior, chamamos vantajosas (*profitable*); a fruição delas, *uso* (*use*); e aquelas coisas que não se aproveitam, *vãs* (*vain*).

7. Visto que todo deleite é um apetite, e que pressupõe um fim posterior, aí não pode haver contentamento senão no seu prosseguimento. Portanto, não devemos nos espantar quando vemos que, assim como os homens logram maior riqueza, honra ou outro poder, da mesma maneira o seu apetite continuamente cresce mais e mais. E quando eles atingirem o grau mais alto de certo tipo de poder, buscarão um outro enquanto pensarem que ao lado daquele existe algum outro tipo. Dentre aqueles, pois, que alcançaram o grau mais alto de honra e riqueza, alguns demons-

---

[6] Alguns manuscritos ignoram numeração própria para este parágrafo (ou seção) e consideram ser a seção 4 o que aqui, segundo a edição Tönnies, é a seção 5, e seção 5 o que aqui é a seção 6 e assim por diante; este capítulo, assim, tem em tais manuscritos oito seções, e não nove. Fernando Couto, que na sua tradução portuguesa não segue a edição Tönnies, segue a numeração em oito seções. (NT)

traram domínio (*mastery*) em alguma arte, como Nero na música e na poesia, e Cômodo na arte dos gladiadores. E quanto aos que não são dados a tal coisa, devem encontrar diversão e distração para seus pensamentos na disputa seja de jogos, seja de negócios. E os homens reclamam com justeza ser muito penoso o não saberem o que fazer. A *felicidade* (*felicity*), portanto (pela qual significamos um deleite contínuo), consiste não em termos prosperado, mas em prosperar.

8. Existem poucas coisas neste mundo, mas todas possuem uma mistura de bom e ruim, ou existe uma cadeia delas tão necessariamente ligadas entre si que uma não pode ser tomada sem a outra. Por exemplo, os prazeres do pecado e o amargor da sua punição são inseparáveis, assim como o são, para a maioria, o trabalho e a honra. Agora, quando na cadeia inteira a maior parte é boa, então o todo é chamado bom; mas quando o ruim é o que pesa mais, do todo diz-se que é ruim.

9. Existem duas espécies de prazer, dos quais um parece afetar o órgão corpóreo da sensação, e que eu chamo de *sensual* (*sensual*).[7] O seu papel principal é fazer com que através dele sejamos incitados a perpetuar nossa espécie, e o secundário é aquele pelo qual o homem é incitado à carne, para a preservação da sua pessoa individual. A outra espécie de deleite não é particular a nenhuma parte do corpo, e recebe o nome de deleite da mente, aquele deleite a que denominamos *alegria* (*joy*). Similarmente, no caso das dores, algumas afetam o corpo e são por isso chamadas de dores do corpo; mas outras não o afetam, e recebem o nome de *tristeza* (*grief*).

---

[7] Ao "desejo e amor da união sexual", Espinosa dará o nome de *libido*, na *Ética*, parte III, def. af. 68. (NT)

ELEMENTOS DA LEI NATURAL E POLÍTICA
PARTE I, CAPÍTULO VIII
OU TRATADO DA NATUREZA HUMANA
CAPÍTULO VIII

Dos prazeres das sensações; da honra[1]

1, 2. Em que consistem os prazeres da sensação. 3, 4. Da imaginação, ou concepção da potência do homem. 5. A honra, o honroso, o valor. 6. Sinais da honra. 7. Reverência.

1. Tendo pressuposto, na primeira seção do capítulo anterior, que o movimento e a agitação do cérebro, à qual damos o nome de concepção, continua em direção ao coração, recebendo ali o nome de paixão, sou portanto impelido na medida das minhas capacidades a pesquisar mais além e declarar a partir de quais concepções procede cada uma daquelas paixões das quais comumente temos noção. Pois embora as coisas que causam prazer e desprazer são incontáveis e operam de incontáveis maneiras, os homens acabam tendo noção apenas de algumas poucas, a maioria das quais, aliás, sequer têm nome.

2. Primeiramente, devemos considerar que há três tipos de concepções, dentre as quais uma é uma concepção daquilo que é presente, a

---

[1] O objeto deste capítulo (sem correspondente no *Do cidadão*) é também tratado no Capítulo X ("Do poder, valor, dignidade, honra e merecimento") da Parte I ("Do homem") do *Leviatã*. (NT)

sensação (*sense*); outra, uma concepção daquilo que é passado, a *recordação* (*remembrance*); e a terceira, uma concepção daquilo que é futuro, a *expectativa* (*expectation*). Todas foram manifestamente apresentadas no segundo e no terceiro capítulos, e cada uma das três concepções é um prazer presente. Primeiramente, quanto aos prazeres do corpo, que afetam o sentido do tato e o do paladar, na medida em que são orgânicos, a concepção deles é uma sensação; assim também é o prazer de todas as exonerações da natureza, todas aquelas paixões que antes denominei prazeres sensuais, e o contrário delas, as dores sensuais. Aos quais também podem ser acrescentados os agrados e desagrados dos odores, caso algum destes venha a ser descoberto como orgânico, o que para a maioria eles não são, como mostra a experiência (que todo homem tem) de que certos odores, quando parecem proceder dos outros, desagradam, ainda que procedam de nós mesmos; mas, quando pensamos que procedem de nós, eles não desagradam, ainda que procedam dos outros. Esse desagrado vem da concepção de um ferimento do qual tais odores provêm, que é tido como insalubre e é, pois, uma concepção de um mal por vir, e não de um mal presente. Com respeito ao deleite da audição é diferente, pois o próprio órgão não é afetado daquela forma. Os sons simples, tais como o som de uma campana ou de um alaúde, agradam por sua continuidade e uniformidade (*equality*). Na medida em que parece uma uniformidade continuada pela percussão de um objeto no ouvido, é um agrado (*pleasure*); o contrário recebe o nome de estridência (*harshness*), tal como algum som que causa irritação, e outros que nem sempre afetam o corpo, mas somente uma ou outra vez, e que com alguma espécie de horror faz ranger os dentes. A harmonia, ou vários sons concordando juntos, agrada pela mesma razão que o uníssono, que é o som de estímulos iguais igualmente estendidos. Os sons que diferem em alguma altura agradam pela alternância de sua diversidade e uniformidade (*inequality and equality*), isto é, a nota mais aguda deve ser tocada duas vezes para cada toque da outra nota, de modo que ambas sempre toquem juntas na segunda vez; o que Galileu bem demonstrou no seu primeiro diálogo acerca dos movimentos locais, no qual ele também demonstra que dois sons diferindo uma quinta agradam ao ouvido por uma uniformidade de toque após duas diversidades, pois a nota mais aguda atinge o ouvido três vezes, enquanto a outra só o atinge duas. Da mesma maneira, ele mostra em que consistem o agrado da concordância e o desagrado da discordância em outras diferenças entre as notas. Existe ainda outro agrado e desagrado (*pleasure and displeasure*) dos sons, que consiste na continuidade de uma nota após a outra, ambas distintas tanto pelo acento quanto pela medida, e o que aí causa o agrado é denominado melodia (*air*). Qual a razão, porém, para que uma sucessão num tom e medida seja mais melódica do que outra, confesso não saber, todavia conjecturo que a razão para isso seja o fato de certas melodias imitarem e reviverem alguma paixão de que não temos noção de outra maneira, ao passo que outras melodias não o fazem. Pois nenhuma melodia agrada por um tempo maior do que enquanto está imitando. Também os prazeres do olhar consistem numa certa uniformidade da cor. Pois a luz, a mais gloriosa de todas as cores, é produzida pela operação uniforme do objeto, ao passo que a cor é uma luz desigual (ou seja, perturbada), conforme foi dito no capítulo II, seção 8. Portanto, quanto maior a uniformidade das cores, mais resplandecentes elas são; e da mesma maneira que a harmonia é um agrado para o ouvido que consiste de diversos sons, assim talvez possa alguma mistura de diversas cores ser harmonia para a visão, mais do que qualquer outra mistura. Existe ainda um outro deleite para o ouvido, o qual ocorre apenas aos homens habilidosos em música e uma outra natureza, não sendo (como estas) uma concepção do presente, mas consistindo na satisfação da sua própria habilidade; dessa natureza são as paixões acerca das quais falo em seguida.

3. A concepção do futuro nada mais é que uma suposição do mesmo, proveniente da recordação do que é passado; e nós somos capazes de conceber que alguma coisa irá acontecer daqui por diante somente à medida que sabemos que existe algo no presente que tem a potência (*power*) de produzi-la. E que alguma coisa tem potência agora de produzir outra coisa doravante, não podemos conceber senão de que ela outrora já produzira o mesmo. Por conta disto, toda concepção do futuro é uma concepção de uma potência capaz de produzir alguma coisa. Portanto, qualquer um que expecte um prazer por vir, deve ainda conceber em si mesmo alguma potência através da qual poderá alcançar aquele prazer. E porque as paixões, das quais eu falarei em seguida, consistem numa concepção do futuro, ou seja, numa concepção de uma potência passada e do ato por vir, antes que eu vá mais além devo no próximo tópico dizer algo acerca de tal potência.

4. Por essa potência eu quero dizer o mesmo que as faculdades do corpo e da mente, mencionadas no primeiro capítulo, isto é, as do corpo: nutriz, geratriz, motriz; e a da mente: o conhecimento (*knowledge*). Ao lado destas, certas potências subseqüentes, adquiridas por meio daquelas, quais sejam, a riqueza, um cargo de autoridade, uma amizade ou um privilégio, e a boa fortuna; esta última, realmente, nada mais é do que o privilégio vindo de Deus Todo-Poderoso. Os contrários destas são impotências, fraquezas ou defeitos, respectivamente, das ditas potências. E porque a potência de um homem resiste e obsta os efeitos da potência de outro homem, a potência, simplesmente, nada mais é do que o excedente da potência de um além da potência de outro. Afinal, iguais potências colocadas em oposição destroem umas às outras, e essa oposição entre elas recebe o nome de contenção (*contention*).

5. Os sinais pelos quais conhecemos a nossa própria potência são aquelas ações que dela procedem; e os sinais pelos quais os outros homens a conhecem são as ações, os gestos, as feições e a linguagem usualmente produzidos por aquelas potências. Ao reconhecimento da potência dá-se o nome de *honra* (*honour*); honrar um homem (interiormente, na mente) significa conceber ou reconhecer que aquele homem tem a vantagem ou um excedente de potência sobre um outro com quem contende ou confronta. E *honrosos* (*honourable*) são aqueles sinais pelos quais um homem reconhece potência ou excesso sobre o seu concorrente em algo. Por exemplo, a beleza de uma pessoa, consistente num aspecto vívido de suas feições, e outros sinais de brilho natural, são honrosos, sendo sinais precedentes da potência geratriz e de uma grande prole; da mesma forma (porque são sinais conseqüentes do mesmo), formam a reputação geral entre aqueles do outro sexo. E as ações procedentes da força do corpo e da força ostensiva são honrosas, enquanto sinais conseqüentes da potência motriz, tal como o são a vitória numa batalha ou duelo; *et à avoir tué son homme.*[2] Também, aventurar-se em grandes proezas e perigos significa um sinal conseqüente da opinião da nossa própria força, e essa opinião é um sinal da força em si mesma. E ensinar ou persuadir, também, são coisas honrosas porque são sinais de conhecimento. E a riqueza é honrosa, da mesma forma que sinal de poder dos que a adquiriram. E os bens, os gastos, a

---

[2] Em francês no original: *e por ter matado o seu homem*. (NT)

magnificência de suas casas, seu vestuário e coisas semelhantes, são coisas honrosas porque são sinais de riqueza. E a nobreza é honrosa por reflexão, enquanto um sinal do poder dos ancestrais. E também a autoridade, porque é um sinal da força, da sabedoria, privilégio ou riqueza pelos quais foi alcançada. E a boa fortuna ou a prosperidade fortuita é honrosa, porque é um sinal do privilégio de Deus, a quem deve ser atribuído tudo o que vem até nós por fortuna, não menos do que aquilo que alcançamos graças ao nosso esforço (*industry*). Quanto aos contrários ou defeitos desses sinais, eles são desonrosos; de acordo com os sinais de honra e desonra, assim estimamos e medimos o valor ou o *mérito* (*worth*) de um homem. Pois quanto mais merecedor um homem for de todas as coisas, mais ele poderá fazer uso pleno delas.

6. Os sinais de honra são aqueles pelos quais percebemos que um homem reconhece a potência e o mérito de outrem. Exemplos disso são: louvar, exaltar, abençoar, felicitar, pedir ou suplicar, agradecer, ofertar ou presentear, obedecer, ouvir com atenção, falar com consideração, aproximar-se com boas maneiras, manter distância, dar passagem e coisas semelhantes; tudo isso é a honra que o inferior presta ao superior.

Quanto aos sinais de honra vindos do superior para o inferior, são os seguintes: louvá-lo ou preferi-lo diante de um seu concorrente, ouvi-lo de bom grado, falar-lhe com uma maior familiaridade, permitir que se lhe aproxime, dar preferência ao seu trabalho e solicitar seus conselhos, aceitar as suas opiniões, dar a ele mais privilégios do que dinheiro; mas, caso dê dinheiro, que seja uma quantia que não corresponda ao mínimo de que carece, pois pouco carecer significa uma miséria maior do que carecer demais. E isso é o que basta como exemplos dos sinais de honra e de poder.

7. A reverência é a concepção que nós temos acerca de outrem, que tem o poder de nos causar tanto um bem quanto um dano, mas que não deseja causar-nos o dano.

8. No prazer que os homens têm, ou no desprazer a partir dos sinais de honra ou desonra que a eles são feitas, consiste a natureza das paixões em particular, que é do que trataremos no próximo capítulo.

ELEMENTOS DA LEI NATURAL E POLÍTICA
PARTE I, CAPÍTULO IX
OU TRATADO DA NATUREZA HUMANA
CAPÍTULO IX

Das paixões da mente[1]

1. A glória, a aspiração, a falsa glória, a vã glória. 2. A humildade e a depressão. 3. A vergonha. 4. A coragem. 5. A ira. 6. A vingatividade. 7. O arrependimento. 8. A esperança, o desespero, a timidez. 9. A confiança. 10. A piedade e a dureza do coração. 11. A indignação. 12. A emulação e a inveja. 13. O riso. 14. O choro. 15. A luxúria. 16. O amor. 17. A caridade. 18. A admiração e a curiosidade. 19. Da paixão daqueles que estão abrigados diante do perigo. 20. Da magnanimidade e da pusilanimidade. 21. Uma visão das paixões representadas numa corrida.

1. A *glória* (*glory*), ou glorificação[2] ou triunfo interior da mente, é aquela paixão que procede da imaginação ou concepção do nosso próprio poder (*power*) sobre o poder daquele que está em disputa conosco. Os sinais daquela, ao lado dos quais estão as feições e outros gestos do corpo

---

[1] O objeto deste capítulo (sem correspondente no *Do cidadão*) é também tratado no Capítulo VI ("Da origem interna dos movimentos voluntários vulgarmente chamados paixões; e da linguagem que os exprime") da Parte I ("Do homem") do *Leviatã*. (NT)

[2] João Paulo Monteiro e Maria Beatriz Nizza da Silva, na sua tradução do *Leviatã*, vertem *glory* diretamente em *glorificação* em lugar de *glória,* mas aqui se vê com clareza haver distinção entre os termos. (NT)

que não podem ser descritos, são a ostentação nas palavras e a insolência nas ações; e essa paixão, para aqueles a quem ela desagrada, é chamada de *orgulho* (*pride*); para aqueles a quem ela agrada, ela é denominada uma valoração justa de si mesmo. Essa imaginação do nosso poder e valor pode ser uma experiência segura e certa das nossas próprias ações, e então é essa glorificação justa e bem fundada, e engendra uma opinião de seu próprio crescimento por outras ações que se sigam. Consiste nisto o apetite a que denominamos *aspiração* (*aspiring*), ou passagem de um grau de poder para outro. A mesma paixão pode proceder não de alguma consciência das nossas próprias ações, mas da fama e da confiança de outrem, pelo que é possível pensar bem acerca de si mesmo e já se enganar; e isso é a *falsa glória* (*false glory*), e a aspiração dela conseqüente obtém o malogro. Além disso, a ficção (que também é imaginação) das ações realizadas por nós, mas que nunca realizamos, é glorificação; mas porque ela não gera apetite nem ímpeto para qualquer tentativa futura, ela é meramente vã e inútil; como quando um homem imagina a si mesmo realizando as ações que leu em algum romance, ou sendo como algum outro homem cujos atos ele admira. A isto, chama-se *vã glória* (*vain glory*), que nas fábulas é exemplificada pela mosca que se senta sobre um eixo de roda e diz a si mesma: "Quanta poeira eu faço levantar!". A expressão da vã glória é o que chamamos um querer (*wish*), que alguns dos escolásticos, equivocados por algum apetite distinto de todo o resto, chamavam de capricho (*velleity*), criando uma nova palavra, assim como criaram uma nova paixão que antes não existia. Os sinais da vã glória nos gestos são a imitação de outrem, o falsearem seu interesse por coisas que não compreendem, a afetação do vestuário, a busca da honra a partir dos seus sonhos e outras historietas sobre si mesmos, sobre sua terra natal, seus nomes e coisas afins.

2. A paixão contrária à glória, que procede da apreensão da nossa própria fraqueza (*infirmity*), recebe o nome de *humildade* (*humility*) por aqueles por quem ela é aprovada; pelos demais, ela é chamada de *depressão e pobreza* (*dejection and poorness*); concepção esta que pode ser bem ou mal fundada. Se é bem fundada, ela produz o medo de se tentar qualquer coisa precipitadamente; se é mal fundada, ela pode ser chamada de medo vão, assim como o contrário é a vã glória, e consiste no medo do poder, sem nenhum outro sinal do ato a seguir, como crianças com medo de caminhar no escuro por causa da imaginação de espíritos, e por medo

serem inimigos todos os estranhos. Esta é a paixão que amedronta completamente um homem, de modo que ele nem ousa falar em público, nem espera bons resultados para qualquer ação.

3. Ocorre algumas vezes que aquele que tem uma boa e bem fundada opinião acerca de si mesmo, e com bons motivos para tanto, pode entretanto, em função da petulância que tal paixão engendra, descobrir em si mesmo algum defeito ou fraqueza, cuja recordação o desgostará; e esta paixão recebe o nome de *vergonha* (*shame*), pela qual, tendo sido moderado e reprimido em sua petulância, ele será mais cauteloso daí por diante. Essa paixão, enquanto um sinal de fraqueza – a qual é uma desonra –, também é um sinal de conhecimento – que por sua vez é uma honra. O seu sinal é o enrubescimento, que aparece menos nos homens cônscios dos próprios defeitos, porque estes iludem menos as fraquezas que reconhecem.

4. A *coragem* (*courage*), numa significação ampla, é a ausência de medo na presença de qualquer mal que seja; mas num significado estrito e mais comum, ela é o desprezo dos ferimentos e da morte, quando estes desafiam um homem no caminho em direção dos seus fins.

5. A *ira* (*anger*), ou coragem súbita, nada mais é do que o apetite ou desejo de transpor uma oposição presente. Ela tem sido comumente definida como uma tristeza proveniente de uma opinião de desprezo; o que é rebatido pela nossa experiência freqüente de que somos levados à ira por coisas inanimadas e sem sentido, e conseqüentemente incapazes de nos desacatar.

6. A *vingatividade* (*revengefulness*) é aquela paixão que surge de uma expectativa ou imaginação de fazer com que aquele que nos ofendeu perceba sua própria ação como ofensiva para si próprio, e que assim o reconheça; o que é o cúmulo da vingança. Afinal, embora não seja difícil, devolvendo-se o mal pelo mal, fazer com que o adversário de alguém se desagrade, já fazer com que ele o reconheça é tão difícil que muitos homens morrem antes de consegui-lo. A vingança objetiva não a morte, mas o cativeiro ou sujeição de um inimigo; o que estava bem expresso na exclamação de Tibério César acerca de alguém que, para frustrar sua vingança, suicidou-se na prisão: "Escapou ele de mim?" Matar é o objetivo daqueles que odeiam, livrando a si próprios do medo; a vingança objetiva o triunfo, o que, sobre um morto, é impossível.

7. O *arrependimento* (*repentance*) é a paixão que procede da opinião ou conhecimento de que a ação que se fez está fora do caminho para

o fim que se deveria buscar. O efeito disso consiste em não mais prosseguir naquele caminho; mas, em consideração aos fins, direcionar-se num caminho melhor. O primeiro movimento desta paixão, portanto, é a tristeza (*grief*); mas a expectativa ou concepção de retornar novamente ao caminho é uma alegria. Conseqüentemente, a paixão do arrependimento é uma composição ou conciliação de ambas, mas a que predomina é a alegria, ou seria uma total tristeza, o que não é possível. Pois assim como o que procede em direção a um fim concebe um bem, ele procede com apetite. E o apetite é uma alegria, conforme foi dito no capítulo VII, seção 2.

8. A esperança (*hope*) é a expectativa de um bem por vir, assim como o medo é a expectativa de um mal. Mas quando aí existem causas, algumas das quais nos fazem expectar o bem e outras nos fazem expectar o mal, operando alternadamente em nossa mente, se as causas que fazem expectar o bem forem maiores do que aquelas que nos fizerem expectar o mal, a paixão como um todo é esperança; caso se dê o contrário, o todo é medo. A privação absoluta da esperança é *desespero* (*despair*), do qual é uma gradação a *timidez* (*diffidence*).

9. A *confiança* (*trust*) é uma paixão que procede da crença naqueles da parte de quem expectamos ou esperamos algum bem, tão livres da dúvida estamos de que não há outro meio para atingir o mesmo bem. Da mesma forma, a desconfiança ou timidez é a dúvida que faz com que se interesse em buscar o mesmo bem por outros meios. E como isto é o significado das palavras confiança e desconfiança, com isso é manifesto que um homem nunca provê a si mesmo por um outro meio, mas somente quando suspeita que o primeiro não será acolhido.

10. A *piedade* (*pity*) é a imaginação ou ficção de uma calamidade futura sobre nós mesmos, como efeito do sentimento da calamidade presente de outrem; mas, quando ocorre algo como pensarmos que não a merecemos, a compaixão é maior, porque aparece então uma maior probabilidade de que aquela calamidade possa nos acontecer. Afinal, o mal que acontece a um homem inocente pode acontecer a todo homem. Mas quando vemos um homem sofrer por causa de grandes crimes, o que não podemos facilmente achar que venha a ocorrer conosco, a piedade é menor. Os homens, entretanto, são propensos a ter piedade daqueles a quem amam. Afinal, pensam eles que aqueles a quem amam são dignos do bem e, portanto, indignos da calamidade. É por essa razão, também, que os

homens têm piedade dos vícios de algumas pessoas que nunca viram antes; e por isso, todo homem decente desperta piedade entre as mulheres, quando vai para as galés. O contrário da piedade é a *dureza* do coração (*hardness of heart*), que procede seja da lentidão da imaginação ou de alguma opinião extremada de sua própria isenção quanto a semelhantes calamidades, ou do ódio a todos os homens ou à maioria deles.

11. A *indignação* (*indignation*) é a tristeza que consiste na concepção do êxito que sucede àqueles que pensamos serem indignos dele. Por isso, visto que os homens consideram indignos todos aqueles a quem odeiam, consideram-nos indignos não apenas da boa fortuna que têm, como também das suas próprias virtudes. E de todas as paixões da mente, estas duas, indignação e piedade, são as mais geradas e aumentadas pela eloqüência; afinal, o agravamento da calamidade, e a mitigação da culpa, aumentam a piedade. E a mitigação do valor da pessoa, junto com a ampliação do seu sucesso (que são as partes de um orador), são propensas a transformar essas duas paixões em fúria.

12. A *emulação* (*emulation*) é a tristeza que surge de alguém ver-se excedido ou superado por seu concorrente, junto com a esperança de igualá-lo ou excedê-lo num tempo futuro por meio da sua própria habilidade. Porém, a *inveja* (*envy*) é a mesma tristeza, ligada ao prazer concebido na imaginação de algum insucesso que àquele venha a acontecer.

13. Existe uma paixão que não tem nome, mas o seu sinal é aquela distorção das feições faciais a que damos o nome de *riso* (*laughter*), o qual é sempre alegria; mas que alegria ela é, o que estamos pensando, e em que triunfamos quando rimos, não foi até agora declarado por ninguém. A experiência nega que ela consiste no humor ou, tal como é chamada, na graça; afinal, os homens se riem diante de infortúnios e indecências, nas quais não existe nem humor, nem graça alguma. E na medida em que a mesma coisa deixa de ser ridícula quando se torna antiquada ou usual, não importa o que tenha causado o riso, isso deve ser novo e inesperado. Os homens riem com freqüência (especialmente quando estão ávidos de aplausos por qualquer coisa que fazem bem) das suas próprias ações realizadas sempre para além da sua própria expectativa; e, da mesma forma, quanto às suas próprias pilhérias. Neste caso, fica claro que a paixão do riso procede de uma concepção súbita de alguma habilidade naquele mesmo que ri. Os homens riem também das fraquezas dos demais, em

comparação com as quais as suas próprias habilidades são realçadas e ilustradas. Os homens também riem do que é engraçado, cujo humor consiste sempre na descoberta gratuita e na transmissão à nossa mente de algum absurdo da parte de outrem. Neste caso, também, a paixão daquele que ri procede da imaginação súbita de sua própria singularidade e eminência; afinal, o que mais seria a recomendação de nós mesmos à nossa própria boa opinião, por comparação à fraqueza ou absurdidade de um outro homem? Pois quando fazem pilhéria de nós, ou quando assistimos à desonra dos nossos amigos, disso nós jamais rimos. Posso portanto concluir que a paixão do riso nada mais é do que uma glória súbita surgida de alguma concepção súbita de alguma eminência em nós mesmos, por comparação com as fraquezas de outrem, ou com nós mesmos em primeiro lugar. Pois os homens riem das loucuras por que eles mesmos passaram, quando estas vêm subitamente à sua lembrança, exceto no caso em que representam para ele alguma desonra presente. Não é espantoso, portanto, que os homens abominem ser objeto de riso ou ridicularizados, isto é, desonrados (*triumphed over*). O riso sem ofensa deve se dar diante dos disparates e fraquezas tiradas das pessoas, e quando todo o grupo puder rir junto. Pois quando alguém ri consigo mesmo, excita o ciúme da parte de todos os demais, que são levados a examinarem a si mesmos; ademais, é vã glória, e um argumento de baixo valor, pensar que a fraqueza de outrem é matéria suficiente para o próprio triunfo.

14. A paixão oposta ao riso, cujos sinais são outra distorção da face por meio das lágrimas, denomina-se *choro* (*weeping*), e é a súbita depressão consigo mesmo, ou súbita concepção de uma deficiência. É por esta razão que as crianças choram freqüentemente; pois, visto que elas consideram que todas as coisas lhes devem ser entregues sempre que as desejam, necessariamente qualquer recusa deverá frustrar as suas expectativas, pois que lhes fixa na mente toda a sua fragilidade quanto a se tornarem as donas de tudo o que procuram. Pela mesma razão as mulheres são mais propensas a chorar do que os homens, pois elas estão mais acostumadas tanto a ter as suas vontades quanto a medir o seu poder de acordo com o poder e amor daqueles que as protegem. Os homens são propensos a chorar quando, na pretensão de se vingarem, sua vingança é repentinamente interrompida ou frustrada pelo arrependimento dos seus adversários; assim se dão as lágrimas da reconciliação. Os homens piedosos tam-

bém estão sujeitos a esta paixão quando contemplam aqueles homens de quem sentem piedade e, repentinamente, se lembram de que não são capazes de ajudá-los. Um outro choro nos homens procede para a maioria segundo a mesma causa pela qual procede nas mulheres e nas crianças.

15. O apetite a que os homens dão o nome de *luxúria* (*lust*), e a fruição que dela faz parte, é um prazer sensual, mas não é só isso. Também existe nela um deleite da mente. Afinal, ela consiste de dois apetites reunidos, agradar e ser agradado; e o deleite que os homens têm ao se agradarem não é sensual, mas uma satisfação ou alegria da mente que consiste na imaginação do poder que eles têm para agradar. Mas esse nome, luxúria, é usado onde ela é condenada. Diferentemente, ela é chamada também pelo termo genérico *amor* (*love*); pois a paixão é um e o mesmo desejo indefinido dos sexos diferentes, tão natural quanto a fome.

16. Do amor, pelo qual se entende a alegria que os homens sentem na fruição de algum bem presente, como já foi dito na primeira seção do capítulo VII, no qual está incluído o amor que os homens dão uns aos outros, ou o prazer que eles têm da companhia de outrem; é por isso que se diz que os homens são sociáveis por natureza. Mas existe um outro tipo de *amor*, que os gregos denominavam *Éros*,[3] e é isso que queremos significar quando dizemos que um homem ou uma mulher está amando. Visto que esta paixão não pode se dar sem diversidade entre os sexos, não é possível negar que ela participa daquele amor indefinido mencionado na seção anterior. Mas existe uma grande diferença entre o desejo de um homem indefinido, e o mesmo desejo limitado a alguém.[4] Este é aquele amor que é o grande tema dos poetas. Mas apesar das suas exaltações, ele deve ser definido pela palavra *necessidade* (*need*), pois é uma concepção da necessidade que um homem tem daquela única pessoa desejada. A causa dessa paixão não é sempre, nem para a maioria, a beleza ou outra qualidade do amado, a menos que ela exista enquanto uma esperança naquele que ama; o que pode ser concluído do seguinte: que numa grande diversidade de pessoas, é muito freqüente que os melhores (*greater*) se apaixonem pelos medianos, mas não o contrário. Uma conseqüência disso é que, na maioria dos casos, aqueles que têm uma melhor fortuna no

---

[3] Em grego, no original. (NT)
[4] Em latim, no original: *ad hanc*.

amor são os que constroem suas esperanças sobre alguma coisa naquela pessoa, enquanto os demais confiam em declarações e favores; são, também, os que se acautelam menos do que aqueles que se garantem mais. Pois, sem perceber, muitos homens desperdiçam os seus favores como uma flecha atrás da outra, até que no fim, unidos em suas esperanças, perdem o juízo.

17. Existe ainda uma outra paixão que às vezes é chamada amor, só que mais propriamente se chama boa vontade ou *caridade* (*good will or charity*). Não pode haver argumento mais forte para um homem sobre o seu próprio poder do que achar-se apto não apenas para realizar os seus próprios desejos, como também para auxiliar outros na conquista dos seus. Essa é aquela concepção na qual consiste a caridade. Na qual, primeiro, está contida aquela afeição natural dos pais pelos seus filhos, que os gregos chamavam de *Storgé*,[5] como também aquela afeição com a qual os homens buscam auxiliar àqueles que os seguem. Mas a afeição com a qual os homens muitas vezes oferecem seus favores aos estranhos não deve receber o nome de caridade, mas antes de contrato (*contract*), pelo qual os homens buscam adquirir a amizade; ou de medo (*fear*), que faz com que os homens adquiram a paz. A opinião de Platão acerca do amor honorável, transmitida (como era de seu costume, pela figura de Sócrates) no diálogo intitulado *Convivium*,[6] é esta: de que um homem pleno e fértil de sabedoria, ou outra virtude, procure naturalmente alguma bela pessoa, com idade e capacidade reprodutora, com quem ele possa, sem propósitos sensuais, gerar e produzir um semelhante. A idéia do aí notado amor de Sócrates, sábio e abstêmio, pelo jovem e belo Alcibíades, é esta: o amor não é a honra desejada, mas o resultado do seu conhecimento; é o contrário do amor comum, de cujo conhecimento às vezes se seguem alguns resultados, pois os homens aí não buscam a honra, mas antes causar e receber prazer. Deve existir, porém, essa caridade ou desejo de assistir e auxiliar a outrem. Mas por que, então, deveria o sábio buscar o ignorante, ou ser mais caridoso com quem é belo do que com os demais? Existe aí alguma coisa saboreando os usos daquela época: em qual matéria poderia Sócrates ser reconhecido como abstêmio, já que o abstêmio (*continent*)

---

[5] "Ternura"; em grego, no original. (NT)

[6] Nome latino para *O banquete* (*Sympósium*, no original grego). (NT)

possui a paixão que controla (*contain*) tanto quanto ou mais do que aqueles que saciam os próprios apetites? O que me faz suspeitar que esse amor platônico é meramente sensual, mas com um pretexto honorável, para que o velho se abrigasse na companhia dos jovens e belos.

18. Dado que todo conhecimento começa a partir da experiência, portanto, também, uma nova experiência é o começo de um novo conhecimento, e o aumento da experiência é o início do aumento do conhecimento. Portanto, qualquer novidade que acontece a um homem oferece para ele esperança e matéria para conhecer algo que ele não conhecia até então. E essa esperança e expectativa de conhecimento futuro a partir de alguma coisa que aconteça de novo ou de estranho é a paixão a que comumente chamamos por *admiração* (*admiration*). Esta mesma, considerada enquanto um apetite, é chamada *curiosidade* (*curiosity*), que é o apetite de conhecimento. Assim como o homem, no discernimento de suas faculdades, abandona toda comunidade de animais graças à sua faculdade de atribuir nomes, da mesma forma ele também ultrapassa a natureza das feras graças a essa paixão da curiosidade. Pois quando uma fera observa algo que lhe é novo e estranho, ele a considera assim apenas até o momento em que pode discernir seja que a coisa pode servi-lo, seja que ela pode causar-lhe mal, e a partir disso se achega mais da coisa ou foge dela. Ao passo que o homem – que na maior parte dos eventos recorda a maneira como eles foram causados ou tiveram início –, procura a causa e o começo de todas as coisas que pareçam ser novidade para ele. E a partir dessa paixão da admiração e curiosidade, surgiu não apenas a invenção dos nomes, mas também a suposição de certas causas para as coisas, de acordo com o que ele pensa que as produziu. E é deste começo que tem início toda a filosofia, da mesma maneira que a astronomia tem início a partir da admiração dos movimentos do céu, e a filosofia natural a partir dos efeitos desconhecidos dos elementos e de outros corpos. E de acordo com os graus de curiosidade, procedem também os graus de conhecimento entre os homens; afinal, para um homem à procura de riquezas ou autoridade (as quais, no que respeita ao conhecimento, não passam de sensualidade), saber se é o movimento do sol ou se da Terra que gera o dia, ou adentrar em contemplações de outros acidentes desconhecidos, tudo isso é uma variedade menos prazerosa do que saber o que conduz ou não àquele fim que ele persegue. Porque a curiosidade é um deleite, então a

novidade também o é, e especialmente aquela novidade a partir da qual um homem concebe uma opinião verdadeira ou falsa quanto a melhorar o seu próprio estado. Afinal, neste caso, os homens estão afetados pela mesma esperança que afeta os jogadores quando as cartas estão sendo embaralhadas.

19. Existem várias outras paixões, mas elas não têm nome; destas, porém, algumas contudo foram observadas pela maioria dos homens. Por exemplo, de que paixão se trata, quando os homens têm prazer em observar a partir da costa o perigo daqueles que estão no mar durante uma tempestade, ou que estão numa batalha; ou, a partir de uma fortaleza segura, observar duas armadas se enfrentando no campo? Trata-se, certamente, no seu pleno teor, de uma alegria, maior ainda se os homens estiverem abrigados diante de um tal espetáculo. Entretanto, há nisso tanto alegria quanto tristeza. Afinal, assim como existe novidade e recordação da nossa própria segurança presente, o que é um deleite, da mesma forma existe também piedade, que é uma tristeza. Mas o deleite aqui é de tal forma predominante que os homens usualmente se contentam, neste caso, em ser os espectadores da miséria dos seus pares.

20. A *magnanimidade* (*magnanimity*) nada mais é do que a glória, sobre a qual eu já falei na primeira seção. Mas é uma glória bem fundada numa certa experiência de um poder suficiente para que atinja seu fim de maneira ampla. E *pusilanimidade* (*pusillanimity*) é a dúvida acerca disso; portanto, tudo o que é sinal de vã glória é também sinal de pusilanimidade. Afinal, é o suficiente o poder para fazer da glória um impulso à finalidade de alguém. Um sinal disso é o ser agradado ou desagradado por uma fama verdadeira ou falsa, pois aquele que conta com a fama não tem o seu sucesso em seu próprio poder. Do mesmo modo, a arte e a falácia são sinais de pusilanimidade, porque dependem não apenas do nosso próprio poder, como também da ignorância dos outros. Da mesma forma é, também, a propensão à ira, porque ela mostra uma dificuldade em prosseguir. Também, a ostentação dos ancestrais, porque todos os homens são mais inclinados a mostrar o próprio poder quando o têm do que em mostrar o de outrem. Estar em inimizade ou contenda com seus inferiores é um sinal do mesmo, porque procede de falta de poder para findar uma guerra. Rir de outrem também, porque é uma afetação da glória a partir das fraquezas do outro, e não de um vigor neles próprios. Também,

a irresolução (*irresolution*), que vem da falta do poder suficiente para desdenhar as pequenas dificuldades que tornam difíceis as deliberações.

21. Se compararmos a vida do homem com uma corrida – na qual, embora ele não possa ocupar todas as posições, pode porém manter-se nela à caça dos seus propósitos –, poderemos tanto constatar quanto recordar quase todas as paixões mencionadas anteriormente. Mas devemos entender que essa corrida não tem nenhum outro objetivo ou outro prêmio além de nos mantermos em primeiro lugar, e que nela:

Esforçar-se é apetite.
Ser preguiçoso é sensualidade.
Respeitar os que estão à nossa volta é glória.
Respeitar os que estão diante de nós é humildade.
Perder o juízo ao relembrar algo, vã glória.
Ser barrado, ódio.
Voltar atrás, arrependimento.
Estar com fôlego, esperança.
Tombar por exaustão, desespero.
Esforçar-se por se igualar ao próximo, emulação.
Por suplantá-lo ou ultrapassá-lo, inveja.
Resolver enfrentar um obstáculo previsto, coragem.
Enfrentar um obstáculo imprevisto, ira.
Enfrentá-lo com facilidade, magnanimidade.
Perder o juízo por causa de pequenas dificuldades, pusilanimidade.
Cair diante do inesperado, uma disposição para chorar.
Ver o outro cair, uma disposição para rir.
Assistir ser ultrapassado de quem não passaríamos é piedade.
Assistir a alguém ultrapassar de quem não passaríamos é indignação.
Ser sustentado por alguém é amar.
Levar a alguém o que o sustente é caridade.
Magoar-se com a própria precipitação é vergonha.
Ser ultrapassado continuamente é miséria.
Ultrapassar continuamente o nosso próximo é felicidade.
E abandonar o percurso é morrer.

ELEMENTOS DA LEI NATURAL E POLÍTICA
PARTE I, CAPÍTULO X
OU TRATADO DA NATUREZA HUMANA
CAPÍTULO X

Da diferença entre os homens
ao discernirem a faculdade e a causa[1]

1. Que a diferença de sagacidade não consiste na diferente disposição do cérebro. 2. Que ela consiste na diversidade da constituição vital. 3. Da estupidez. 4. Do capricho, do juízo, da sagacidade. 5. Da frivolidade. 6. Da gravidade. 7. Da insensibilidade. 8. Da indocilidade. 9. Da loucura na concepção de si. 10. Das sandices que parecem ser graus daquela. 11. Da loucura e dos seus graus, a partir do medo vão.

1. Nos capítulos precedentes, mostramos que a imaginação dos homens procede da ação dos objetos externos sobre o cérebro, ou sobre alguma substância interna da cabeça, e que as paixões procedem da alteração que causam e continuam no coração. Conseqüentemente, temos de declarar, a partir de agora (em vista da diversidade de graus de conhecimento nos diversos homens ser maior do que os que podem ser atribuídos aos diversos temperamentos do cérebro), quais as outras causas que

---

[1] O objeto deste capítulo (sem correspondente no *Do cidadão*) é também tratado no Capítulo VIII ("Das virtudes vulgarmente chamadas intelectuais, e dos defeitos contrários a estas") da Parte I ("Do homem") do *Leviatã*. (NT)

podem produzir tais excedentes ou excessos de capacidade, tal como observamos diariamente num homem quanto noutro. Com relação à diferença que surge da doença, e certos destemperos acidentais, eu omito o mesmo por ser impertinente ao caso, e considero os homens apenas como quando estão em plena saúde, e com seus órgãos bem dispostos. Se a diferença repousasse no tempero natural do cérebro, eu não poderia imaginar qualquer razão para que o mesmo aparecesse primeiro e antes de tudo nos sentidos, que sendo iguais tanto nos sábios como nos menos sábios inferem um tempero igual no órgão comum (a saber, o cérebro) de todos os sentidos.

2. Mas nós sabemos, pela experiência, que a alegria e a tristeza procedem em todos os homens não graças às mesmas causas, e que os homens diferem muito com respeito à constituição do corpo. Pelo que aquilo que em alguém auxilia e promove a sua constituição vital – e é, portanto, deleitoso –, em outra pessoa a impede e transpõe, causando portanto a sua tristeza. A diferença portanto de habilidades tem sua origem a partir das diferentes paixões e das finalidades segundo as quais o apetite as direciona.

3. Em primeiro lugar, aqueles homens cujas finalidades são o deleite sensual e – coisas que geralmente são a ela adicionadas – o ócio, a comida, as onerações e as exonerações do corpo, precisam ser minimamente deleitados por aquelas imaginações que não conduzem àqueles fins, tal como o fazem as imaginações da honra e da glória, as quais, como eu disse antes, dizem respeito ao futuro. Afinal, a sensualidade consiste no prazer dos sentidos, que aprazem apenas no presente, e deixam de fora a inclinação para observar aquelas coisas que conduzem à honra, e conseqüentemente tornam os homens menos curiosos e menos ambiciosos, pelo que eles desconsideram o caminho seja para o conhecimento, seja para outra potência; e nestes dois, consiste toda a excelência da potência cognitiva. A isto, os homens dão o nome de *estupidez* (*dulness*), que procede do apetite do deleite sensual ou corporal. E se pode bem conjecturar que esta paixão tem o seu início de uma grosseria e dificuldade do movimento do espírito sobre o coração.

4. O contrário disso aquela ordenação ligeira da mente – descrita no capítulo IV, seção 3 –, acrescida da curiosidade de comparar as coisas que vêm à mente umas com as outras. Nesta comparação, um homem

apraz a si mesmo ao encontrar uma similitude inesperada das coisas ou, diferentemente, uma grande dessemelhança, no que os homens localizam a excelência da fantasia, e de onde procedem aquelas graciosas símiles, metáforas e outros tropos, pelos quais tanto os poetas quanto os oradores a tomam em sua capacidade de tornar as coisas agradáveis ou desagradáveis, e apresentam o bom ou o nocivo para os demais, tal como desejam para si mesmos. A dissimilitude aparece mais ao ser discernida repentinamente do que de outra maneira. E essa virtude da mente é aquela pela qual os homens atingem o conhecimento exato e perfeito. O prazer, aí, consiste na instrução contínua, e na distinção de lugares, pessoas e estações, ao que recebe comumente o nome de *juízo* (*judgement*). Afinal, julgar nada mais é do que distinguir ou discernir. E tanto a fantasia quanto o juízo são comumente compreendidos sob o nome de *sagacidade* (*wit*), que parece ser uma tenuidade ou agilidade dos espíritos, contrária àquela teimosia de espírito que se supõe naqueles que são estultos.

5. Existe um outro defeito da mente, ao qual os homens dão o nome de *frivolidade* (*levity*), que também revela nos espíritos uma mobilidade, mas somente por excesso. Um exemplo disso é dado por aqueles que, em meio a uma discussão séria, dispersam suas mentes com qualquer gracejo ou observação mordaz. Isso faz com que elas abandonem seu discurso por um parêntese, e deste parêntese para um outro, até uma extensão em que se perderam de si mesmos, ou fizeram da sua narração um sonho ou alguma tolice deliberada. A paixão que daí procede é a curiosidade, mas com muito mais igualdade e indiferença. Afinal, quando todas as coisas produzem igual impressão e deleite, elas igualmente se aglomeram ao serem expressas.

6. A virtude que se opõe a este defeito é a *gravidade* ou *firmeza* (*gravity, or steadiness*). Nesta o fim é o maior e principal deleite, direcionado e mantido no caminho em direção a todos os outros pensamentos.

7. A extremidade da estultice é aquela loucura natural que pode ser denominada *insensibilidade* (*stolidity*). Porém, quanto ao extremo da frivolidade, embora seja uma loucura natural que se distingue da anterior e seja evidente diante da observação de todo homem, eu não sei como denominá-la.

8. Existe uma falta da mente que os gregos chamavam de *Amadía*,[2] que é a *indocilidade* (*indocibility*), ou dificuldade de aprender. Esta deve se

---

[2] Em grego, no original. (NT)

originar de uma falsa opinião daqueles que já conhecem a verdade do que está sendo questionado. Afinal, os homens certamente não são de outra maneira tão desiguais na sua capacidade quanto a evidência é desigual entre o que está sendo dito pelos matemáticos e o que é comumente discutido em outros livros. Portanto, se as mentes dos homens fossem todas como uma folha em branco, eles poderiam quase que igualmente ser propensos a reconhecer qualquer coisa que se dispusesse pelo método correto, e pelo raciocínio certo que a eles é entregue. Mas uma vez que os homens aquiesceram em opiniões falsas e as registraram como testemunhos autênticos em suas mentes, não é menos impossível falar inteligivelmente a cada homem do que escrever legivelmente sobre um papel já todo rabiscado. A causa imediata, portanto, da indocilidade é o preconceito. E a causa do preconceito é a opinião falsa acerca do nosso conhecimento.

9. Um outro defeito da mente, que é o principal, é aquele a que os homens dão o nome de *loucura* (*madness*), que parece não ser nada mais que uma imaginação de algum tipo de predominância sobre o resto, que nós não temos nenhuma paixão que não venha dela. Essa concepção nada mais é do que vã glória em excesso, ou depressão vã. O que é mais provável por esses exemplos que se seguem, os quais aparentemente procedem todos do orgulho, ou de alguma depressão da mente. Primeiramente, damos o exemplo de alguém que pregava em Cheapside do alto de uma carroça, como se estivesse num púlpito, dizendo que era o próprio Cristo, e isso era um orgulho ou loucura espiritual. Temos também diversos exemplos de douta insanidade, na qual os homens têm sido manifestamente distraídos por qualquer ocasião que os coloque a recordar a sua própria habilidade. Entre estes doutos homens também é possível recordar, penso eu, aqueles que determinam o tempo para o fim do mundo, e outras questões proféticas. E a insanidade galante de Dom Quixote nada mais é do que uma expressão do cúmulo de vã glória que a leitura de um romance pode causar no homem pusilânime. Também a violência e a loucura do amor são nada mais que grandes indignações daqueles em cujos cérebros predomina o desprezo aos inimigos ou às suas companhias. E o orgulho vertido em forma e comportamento faz com que muitos homens terminem enlouquecidos e fiquem bem explicados sob a denominação do fantástico.

10. E assim como estes são exemplos de extremidades, há também exemplos para os seus muitos graus, os quais podem ser portanto sandices muito bem justificadas. É um grau da primeira para um homem, sem evidência certa, pensar que ele mesmo é inspirado, ou ter algum outro efeito do santo espírito de Deus do que outros homens devotos. É um grau da segunda para um homem continuamente dizer o que pensa por um cento de sentenças gregas ou latinas de outros homens. Da terceira, muito da atual galanteria no amor e no duelo. A fúria é um grau da malícia, e a afetação, um grau da loucura fantástica.

11. Assim como os exemplos anteriores nos exibem a loucura e os seus graus, procedentes do exagero da opinião de si, da mesma forma existem outros exemplos de loucura e seus graus, procedentes do excesso da depressão e do medo vãos. Assim como na melancolia destes os homens se imaginam frágeis como vidro, ou têm alguma imaginação semelhante. Os graus disso são todos medos exorbitantes e incausados, que observamos comumente nas pessoas melancólicas.

ELEMENTOS DA LEI NATURAL E POLÍTICA
PARTE I, CAPÍTULO XI
OU TRATADO DA NATUREZA HUMANA
CAPÍTULO XI

QUAIS IMAGINAÇÕES E PAIXÕES OS HOMENS TÊM AOS NOMES DE COISAS SOBRENATURAIS[1]

1. Tratou-se até agora do conhecimento das coisas naturais e das paixões que surgem naturalmente delas. Agora, visto que assim como nós damos nomes não apenas às coisas naturais, mas também às sobrenaturais, e que por todos esses nomes nós devemos ter algum significado e concepção, segue-se na próxima parte a consideração dos pensamentos e imaginações da mente que nós temos quando pronunciamos o santíssimo nome de Deus, e os nomes das suas virtudes, que a ele atribuímos. Também, que imagem vem à mente ao ouvirmos o nome *espírito* (*spirit*), ou o nome *anjo* (*angel*), seja ele bom ou mau.

2. E visto que assim como Deus Todo-Poderoso é incompreensível, segue-se que nós não podemos ter uma concepção ou imagem da Divindade, e conseqüentemente todos os seus atributos significam a nossa inabilidade e impotência para conceber qualquer coisa concernente à sua natureza, e não alguma concepção sua, excetuando-se apenas esta, que existe um Deus. Afinal, os efeitos que naturalmente reconhecemos envol-

---
[1] O objeto deste capítulo (sem correspondente no *Do cidadão*) é também tratado no Capítulo VIII ("Das virtudes vulgarmente chamadas intelectuais, e dos defeitos contrários a estas") da Parte I ("Do homem") do *Leviatã*. (NT)

vem uma potência (*power*) que os produziu antes que eles tivessem sido produzidos; e essa potência pressupõe alguma coisa existente que a tenha enquanto potência. E a coisa que assim existe com potência para produzir, se não fosse eterna, deveria ter sido produzida por alguma outra anterior a ela, e esta novamente por outra anterior a ela, até que chegássemos a uma eterna, ou seja, à potência primeira de todas as potências, e causa primeira de todas as causas. E esta é aquela que todos os homens concebem pelo nome de Deus, envolvendo eternidade, incompreensibilidade e onipotência. E então todos que o considerarem poderão saber que Deus existe, mas não o que ele é. Mesmo num homem que tenha nascido cego, embora não seja capaz de ter qualquer imaginação acerca de que tipo de coisa é o fogo, ainda assim ele não pode deixar de saber que existe alguma coisa a que os homens dão o nome de fogo, porque ela o esquenta.

3. E visto que atribuímos a Deus Todo-Poderoso a visão, a audição, a fala, o conhecimento, o amor e coisas afins, por cujos nomes entendemos alguma coisa que os homens atribuem a si, não entendemos nada por este meio acerca da natureza de Deus. Pois, como foi bem pensado, não seria o Deus que criou a visão capaz de ver? Que criou os ouvidos, de ouvir? Não estamos com isso dizendo também que Deus, que criou a visão, não pode ver sem olhos; que criou a audição, não pode ouvir sem ouvidos; ou que criou o cérebro, não pode conhecer sem o cérebro; ou que criou o coração, não pode amar sem o coração? Os atributos, portanto, dados à Divindade são tais que significam tanto a nossa incapacidade quanto a nossa reverência. Nossa incapacidade, quando a dizemos incompreensível e infinita; nossa reverência, quando damos a ela aqueles nomes com que magnificamos e elogiamos, como onipotente, onisciente, justo, misericordioso, etc. E quando Deus Todo-Poderoso dá a si mesmo aqueles nomes nas Escrituras, isso é *antropopathos*,[2] ou seja, por derivação da nossa maneira de falar, sem o que não somos capazes de entendê-lo.

4. Pelo termo espírito entendemos um corpo natural, mas com certa sutileza que não opera sobre os sentidos, porém ocupa o espaço que a imagem de um corpo visível ocuparia. Nossa concepção de espírito, portanto, consiste numa figura sem cor. E como por figura se entende a dimensão, conseqüentemente conceber um espírito significa conceber alguma coisa que tenha di-

---

[2] Em grego, no original. (NT)

mensão. Mas os espíritos sobrenaturais significam comumente alguma substância sem dimensão; e estas duas palavras, categoricamente, contradizem uma à outra. Portanto, quando atribuímos o nome de espírito a Deus, atribuímo-lo a Ele não como o nome de algo que concebamos (como quando lhe imputamos sensação e entendimento); mas, enquanto significação da nossa reverência, desejamos abstrair Dele toda espessura corporal.

5. Com respeito a outras coisas, que alguns homens chamam de espíritos incorpóreos, e alguns corpóreos, não é possível, apenas pelos meios naturais, chegar ao conhecimento de tanto, como que existem tais coisas. Nós, que somos cristãos, reconhecemos que existem anjos bons ou maus, e que existem espíritos, e que a alma de um homem é um espírito, e que aqueles espíritos são imortais. Entretanto, é impossível sabê-lo, ou seja, para ter uma evidência natural do mesmo. Afinal, toda evidência é concepção – como foi dito no capítulo VI, seção 3 – e toda concepção é imaginação, e procede da sensação – conforme o capítulo III, seção 1. E os espíritos que supomos serem aquelas substâncias que operam não sobre a sensação, são portanto não concebíveis. Mas embora a Escritura reconheça os espíritos, não é dito em lugar nenhum que eles são incorpóreos, o que significa dizer, sem dimensão e qualidade. Nem, penso eu, ocorre a palavra "incorpóreo" em qualquer parte da Bíblia. Mas é dito, sobre o espírito, que ele habita nos homens, algumas vezes que ele vive neles, algumas vezes que ele vem a eles, que ele desce, e que vai, e que vem; e que os espíritos são anjos, o que significa mensageiros. Todas estas palavras indicam localidade, e a localidade é dimensão, e qualquer coisa que tem dimensão é um corpo, jamais podendo ser sutil. Para mim, portanto, segue-se que a Escritura está mais a favor daqueles que consideram os anjos e espíritos como corpóreos, do que aqueles que os consideram contrariamente. E é uma completa contradição no discurso natural dizer da alma do homem, que é *tota in toto, et tota in qualibet parte corporis,* não se fundamentando na razão e nem na revelação, mas procedendo da ignorância daquelas coisas que são chamadas *spectra,* imagens, que aparecem no escuro para as crianças, e como tais causam grandes temores e outras estranhas imaginações, como foi dito no capítulo III, seção 5, onde eu os chamo de fantasmas. Afinal, tomando-os como coisas reais, exteriores a nós, tais como os corpos, e vendo-os aparecer e desaparecer tão estranhamente como fazem, diferentemente dos corpos, como podem

eles ser chamados, senão de corpos incorpóreos?, o que nem é um nome, mas uma absurdidade da linguagem.

6. É verdade que os pagãos e todas as nações do mundo têm reconhecido a existência de espíritos, que para a maioria deles devem ser incorpóreos. Pelo que se pode pensar que um homem, através da razão natural, é capaz de chegar, sem as Escrituras, ao conhecimento de que existem espíritos. Mas a coleção errônea disso pelos pagãos pode proceder, como eu disse antes, da ignorância da causa dos espectros e fantasmas, e outras aparições afins. E daí os gregos tiraram o seu número de deuses, seu número de demônios bons ou maus, e para todo homem o seu *genius*. O que não envolve o reconhecimento dessa verdade, que os espíritos existem, mas uma falsa concepção acerca da força da imaginação.

7. E visto que o conhecimento que nós temos dos espíritos não é conhecimento natural, mas fé na revelação sobrenatural dada aos santos escritores das Escrituras, segue-se que também o conhecimento que temos das inspirações – que são a operação dos espíritos em nós – deve proceder totalmente das Escrituras. Os sinais que aparecem à inspiração são os milagres, quando são grandes, e manifestamente sobre a potência dos homens que agem por impostura. Como exemplo, a inspiração de Elias foi conhecida pela queima miraculosa do sacrifício. Mas os sinais para distinguir tanto um espírito bom quanto um mau são os mesmos pelos quais distinguimos se um homem ou uma árvore são bons ou maus, a saber, as ações e os frutos. Pois existem espíritos falsos, pelos quais os homens são algumas vezes inspirados, assim como o são por espíritos da verdade. E nós somos ordenados pela Escritura a julgar os espíritos pela doutrina dela, e não a doutrina pelos espíritos. Sobre os milagres, o nosso Salvador (Mateus, cap. 24, v. 24) nos proibiu de regrar nossas fé por eles.[3] E são Paulo disse (Gálatas, cap. 1, v. 8): *Ainda que um anjo do céu vos anuncie outro evangelho, etc., seja anátema.*[4] Pelo que fica claro que nós

---

[3] Eis a passagem: *Porque surgirão falsos cristos e falsos profetas, e farão tão grandes sinais e prodígios que, se possível fora, enganariam até os escolhidos.* (NT)

[4] Com relação à tradução dos trechos bíblicos citados por Hobbes, decidiu-se seguir a solução recomendada por Renato Janine Ribeiro na tradução que fez para o *De cive* (*Do cidadão*, São Paulo, Martins Fontes, 1992), em que ocorrem com freqüência as mesmas passagens: a utilização de uma tradução da Bíblia que fosse contemporânea ao texto hobbesiano. O texto adotado é a excelente tradução feita no século XVII por João Ferreira d'Almeida: *Bíblia Sagrada*, Rio de Janeiro, Imprensa Bíblica Brasileira, 1977. (NT)

não podemos julgar se a doutrina é verdadeira ou não, por intermédio do anjo; mas antes, se o anjo diz ou não a verdade, por intermédio da doutrina. No mesmo sentido (1 João, cap. 4, v. 1): *Não creiais a todo o espírito; porque já muitos falsos profetas se têm levantado no mundo.* No v. 2: *Nisto conhecereis o espírito de Deus.* No v. 3: *E todo o espírito que não confessa que Jesus Cristo veio em carne não é de Deus; mas este é o espírito do anticristo.* V. 15: *Qualquer que confessar que Jesus é o Filho de Deus, Deus está nele, e ele em Deus.* O conhecimento, portanto, que temos da boa e da má inspiração não vem do ensinamento que possa ser dado pela visão de um anjo, nem por um milagre que possa parecer confirmá-lo, mas pela conformidade da doutrina com esta estipulação e ponto fundamental da fé cristã, que também são Paulo (1 Coríntios, cap. 3, v. 11) diz que é o único fundamento, que Jesus Cristo veio em carne.[5]

8. Mas se a inspiração for discernida por este ponto, e este ponto for reconhecido e acreditado com base na autoridade das Escrituras, de que maneira (como alguns homens podem perguntar) sabemos nós que a Escritura merece tamanha autoridade que não deva ser menor que a da voz viva de Deus? Ou seja, como sabemos que as Escrituras são a palavra de Deus? Em primeiro lugar, fica claro que, se pelo conhecimento nós entendemos uma ciência infalível e natural – como foi definido no capítulo VI, seção 4 – procedendo dos sentidos não se pode dizer que o conhecemos porque não procede das concepções engendradas da sensação. E se entendermos o conhecimento como sobrenatural, só podemos tê-lo por inspiração. E desta inspiração nós não podemos julgar senão pela doutrina. Segue-se que nós não temos nenhum outro caminho, natural ou sobrenatural, do conhecimento disso, que possa propriamente ser chamado ciência infalível e evidência. Permanece que o conhecimento que temos de que as Escrituras são a palavra de Deus é apenas fé, que a fé portanto é também segundo são Paulo (Hebreus, cap. 11, v. 1) definida como a prova das coisas que não se vêem. O que significa dizer que não pode ser evidente de outra maneira que não seja pela fé. Pois, se algo é evidente pela razão natural ou por revelação sobrenatural, não é fé. Além disso, a fé não poderia cessar, assim como a caridade, ainda que estivésse-

---

[5] Este trecho se encontra em 1 João, cap. 4, v. 2; 1 Coríntios, cap. 3, v. 11 diz: *Porque ninguém pode por outro fundamento, além do que já está posto, o qual é Jesus Cristo.* (NT)

mos nos céus. O que vai contra a doutrina da Escritura. E aquelas coisas que são evidentes, não dizemos que cremos nelas, mas que as conhecemos.

9. Visto então que o reconhecimento das Escrituras como sendo a palavra de Deus não é evidência, mas fé, e a fé (capítulo VI, seção 7) consiste na confiança que nós temos de outro homem, parece claro que os homens assim confiados são os santos homens da Igreja de Deus sucedendo uns aos outros desde o tempo daqueles que narravam as maravilhosas obras de Deus Todo-Poderoso na carne. Nem implica isso que Deus seja o operador ou a causa eficiente da fé, ou que a fé seja gerada no homem sem o espírito de Deus. Pois, todas aquelas boas opiniões que admitimos e em que acreditamos, embora procedam da audição, e a audição do ensinamento, são naturais, ainda que sejam obra de Deus. Afinal, todas as obras da natureza são dele, e elas são atribuídas ao espírito de Deus. Por exemplo, em Êxodo, cap. 28, v. 3, "Falarás também a todos os que são sábios de coração, a quem eu tenha enchido do *espírito* da sabedoria, que façam vestidos a Arão para santificá-lo, para que me administre o ofício sacerdotal". Portanto, a fé com que cremos é obra do espírito de Deus naquele sentido, pelo qual o Espírito de Deus dá a um homem sabedoria e astúcia em habilidade mais do que a outrem; algo que acontece também em outros pontos pertinentes à nossa vida ordinária, quando um homem acredita naquilo em que outro, sobre os mesmos fundamentos, não acredita; ou quando um homem reverencia a opinião e obedece às ordens de seu superior, enquanto outros não o fazem.

10. Considerando que a nossa fé de que as Escrituras são a palavra de Deus começa na confidência e confiança que nós depositamos na Igreja, não pode haver dúvida senão quanto à interpretação das mesmas Escrituras (quando alguma dúvida ou controvérsia surgir, pela qual este ponto fundamental, que Jesus Cristo veio em carne, pode ser colocado em questão), é mais seguro para qualquer homem confiar nisso mais do que em si mesmo, seja seu raciocínio ou espírito, isto é, sua própria opinião.

11. Agora, acerca das afecções dos homens com relação a Deus, elas nem sempre são as mesmas que foram descritas no capítulo acerca das paixões. Ali, quanto ao amor, trata-se de ser deleitado com a imagem ou concepção da coisa amada; mas Deus é inconcebível. Amar a Deus, portanto, na Escritura, é obedecer aos seus mandamentos, e nos amarmos

uns aos outros. Também, confiar em Deus é diferente da nossa confiança em outrem. Pois, quando um homem confia em um homem (capítulo IX, seção 9), ele põe de lado os seus próprios esforços. Mas se nós o fizermos com respeito à nossa confiança em Deus Todo-Poderoso estaremos desobedecendo-O. E como seria possível confiar em alguém a quem sabemos estar desobedecendo? Confiar em Deus Todo-Poderoso, portanto, é submeter à Sua boa vontade tudo aquilo que estiver acima de nosso próprio poder para realizar. E isso é a mesma coisa que reconhecer apenas um Deus, o que é o primeiro mandamento. E confiar em Cristo, nada mais é do que reconhecê-lo como Deus; o que é o preceito fundamental da nossa fé cristã. Conseqüentemente, confiar, contar ou, como dizem alguns, entregarmos nós mesmos a Cristo é a mesma coisa que o ponto fundamental de fé segundo o qual Jesus Cristo é o filho do Deus vivo.

12. Honrar a Deus internamente no coração é a mesma coisa a que nós chamamos ordinariamente honra entre os homens. Pois ela nada mais é do que o reconhecimento dessa potência, e os sinais disso, o mesmo com os sinais da honra devida aos nossos superiores – conforme o capítulo VIII, seção 6 – por exemplo, exaltar, magnificar, glorificar, suplicar a Ele, agradecê-Lo, dar oblações e sacrifícios a Ele, dar atenção à Sua palavra, falar-Lhe em prece com consideração, vir à Sua presença com gestos humildes e maneiras decentes, e adornar Sua reverência com magnificência e apreço. Estes são sinais naturais da nossa honradez interna a Ele. E, portanto, o contrário disso, deixar de suplicar, falar-Lhe *extempore*, ir à Igreja com desmazelo, adornar o lugar do seu culto menos do que nossas próprias casas, a levantar o Seu nome em qualquer discurso fútil, são os sinais manifestos de desprezo da Majestade Divina. Existem outros sinais que são arbitrários. Por exemplo nos desnudarmos, como quando tiramos os nossos sapatos, como fez Moisés diante do arbusto ardente, e alguns outros do mesmo tipo, que em sua própria natureza são indiferentes até o momento em que, para que se evite a indecência e a discórdia, seja o contrário determinado pelo consenso comum.

ELEMENTOS DA LEI NATURAL E POLÍTICA
PARTE I, CAPÍTULO XII
OU TRATADO DA NATUREZA HUMANA
CAPÍTULO XII

Como, por deliberação das paixões, procedem as ações dos homens[1]

1. Já foi mostrado de que maneira os objetos externos causam as concepções, e de que maneira as concepções causam o apetite e o medo, que são os primeiros inícios imperceptíveis das nossas ações, sejam as ações seguidas imediatamente de um apetite básico, como quando somos levados de súbito a fazer alguma coisa, ou seja esse nosso primeiro apetite decorrente de alguma concepção de um mal que virá a nós por certas ações, o que é medo, que nos envolve em nossos procedimentos. E deste medo pode suceder um novo apetite, e deste apetite um outro medo alternadamente, até que a ação seja realizada, ou até que algum acidente se interponha de modo a impossibilitá-la. E assim cessará essa alternação entre o apetite e o medo. Essa sucessão alternada entre o apetite e o medo durante todo o tempo em que temos em nosso poder a ação para fazê-la ou não fazê-la é o que chamamos deliberação. Este nome tem sido dado para aquela parte da definição na qual se diz que ela dura enquanto conti-

---

[1] O objeto deste capítulo (sem correspondente no *Do cidadão*) é também tratado no Capítulo VI ("Da origem interna dos movimentos voluntários vulgarmente chamados paixões; e da linguagem que os exprime") da Parte I ("Do homem") do *Leviatã*. (NT)

nuar em nosso poder a ação que estamos deliberando. Afinal, já que temos a liberdade de fazer ou de não fazer, a deliberação significa a tomada de nossa liberdade.

2. A deliberação, portanto, requer duas condições na ação deliberada. Uma, que ela seja futura. A outra, que existe a esperança de fazê-la, ou a possibilidade de não fazê-la. Pois o apetite e o medo são expectativas do futuro. Não existe expectativa do bem sem esperança. Ou do mal sem possibilidade. Dos necessários, portanto, não há deliberação. Na deliberação, o último apetite, como também o último medo, é chamado vontade, a saber: o último apetite é a vontade de fazer ou a de não fazer. Portanto, é a mesma coisa dizer vontade e vontade última. Pois, embora um homem expresse sua inclinação e apetite presentes com respeito à disposição dos seus bens, por palavras ou escritos, não se considerará ainda a sua vontade, porque ele ainda tem liberdade de dispor deles de outra maneira. Mas se a morte suprimir aquela liberdade, então será a sua vontade.

3. As ações e omissões voluntárias são aquelas que se iniciam na vontade. As demais são involuntárias, ou mistamente voluntárias. São involuntárias quando se age por necessidade da natureza, como quando se é empurrado ou cai, e portanto se beneficia ou prejudica a outrem. São mistos, quando há a participação das duas; como quando um homem é levado à prisão, em que a sua ida é voluntária, mas a ida à prisão é involuntária. O exemplo daquele que, de um navio, joga ao mar os seus pertences para salvar a sua pessoa é de uma ação completamente voluntária. Pois não existe nada involuntário nisso, além da dureza da escolha, que não é ação sua, mas ação dos ventos. O que ele mesmo faz não é contra a sua vontade, como escapar do perigo não é contra a vontade daquele que não vê outros meios de preservar a si mesmo.

4. Voluntárias, também, são as ações que procedem da ira súbita, ou de outro apetite súbito em certos homens que são capazes de discernir o bom ou o mau. Nestes, o tempo precedente é julgado uma deliberação. Então, também, ele delibera em quais casos é benéfico golpear, ridicularizar ou realizar qualquer outra ação decorrente da ira ou outra paixão súbita.

5. O apetite, o medo, a esperança e as demais paixões não são chamadas voluntárias, pois elas procedem não da vontade, mas são a vontade; e a vontade não é voluntária. Afinal, um homem não mais pode dizer

que quer querer, pois então ele quer querer querer, e assim cria uma repetição infinita da palavra querer, o que é absurdo e insignificante.

6. Visto que assim como a vontade de fazer é apetite, e a vontade de omitir é medo, as causas do apetite e do medo são as causas também da nossa vontade. Mas a proposta de benefícios ou de malefícios, quer dizer, de recompensa ou de castigo, é a causa do nosso apetite e de nossos medos e, portanto, também das nossas vontades, à medida que acreditamos que tais recompensas e benefícios, tais como nos são propostos, chegarão a nós. Conseqüentemente, nossas vontades seguem nossas opiniões, assim como nossas ações seguem as nossas vontades. Neste sentido, falam verdadeira e propriamente aqueles que dizem que o mundo é governado pela opinião.

7. Quando as vontades de muitos concorrem para uma e a mesma ação e efeito, esse concurso de suas vontades é denominado consenso, pelo qual nós não devemos entender uma vontade de muitos homens, pois todo homem tem suas várias vontades, mas muitas vontades para a produção de um efeito. Mas quando as vontades de dois homens diferentes produzem certas ações que reciprocamente se anulam uma à outra, a isto se dá o nome de contenda. Estando as pessoas umas contra as outras, batalha. Ao passo que as ações que procedem do consenso constituem auxílio mútuo.

8. Quando muitas vontades estão envolvidas ou inseridas na vontade de uma ou mais pessoas em consenso (o que, quando puder acontecer, será daqui por diante declarado), então esse envolvimento de muitas vontades numa só ou numa maior é chamado união.

9. Nas deliberações interrompidas, tal como as que podem ser causadas pela distração das nossas atividades ou pelo sono, o apetite último de cada parte da deliberação é chamado intenção ou propósito.

ELEMENTOS DA LEI NATURAL E POLÍTICA
PARTE I, CAPÍTULO XIII
OU TRATADO DA NATUREZA HUMANA
CAPÍTULO XIII

Como, pela linguagem, os homens trabalham sobre as idéias uns dos outros[1]

1. Tendo falado das potências e ações da mente, tanto cognitivas quanto motrizes, consideradas em cada homem em si mesmo, sem relação com outros, será apropriado falar neste capítulo dos efeitos da mesma potência uns sobre os outros. Estes efeitos são também os sinais pelos quais temos noção daquilo que outrem concebe e pretende. Destes sinais alguns são tais que não podem ser facilmente forjados, tais como as ações e gestos, especialmente se forem súbitos, que eu tanto mencionei (ver, por exemplo, o capítulo IX), com as diversas paixões das quais aqueles são sinais. Existem outros que podem ser forjados; estes são as palavras, ou a fala, de cujo uso e efeitos devo aqui falar.

2. O primeiro uso da linguagem é a expressão das nossas concepções, ou seja, a produção em outrem das mesmas concepções que nós tivemos por nós mesmos; a isto dá-se o nome de *ensino* (*teaching*). Neste, se a concepção daquele que ensina continuamente acompanha suas palavras, começando em alguma verdade na experiência, então produzirá a

---

[1] O objeto deste capítulo (sem correspondente no *Do cidadão*) é também tratado no Capítulo IV ("Da linguagem") da Parte I ("Do homem") do *Leviatã*. (NT)

mesma evidência no ouvinte que a compreender, e faz com que este conheça algo, que ele, portanto, diz apreender. Mas se não houver essa evidência, então a esse ensino dá-se o nome de persuasão, a qual produz no ouvinte nada mais do que a simples opinião do orador. E aos sinais de duas opiniões que são contraditórias uma à outra, a saber, a afirmação e a negação da mesma coisa, dá-se o nome de controvérsia; mas quando são ambas afirmações, ou ambas negações, trata-se de *opinião consensual* (*consent in opinion*).

3. O sinal infalível do ensino exato e sem erro é o seguinte: que nenhum homem jamais pense o contrário, nem poucos homens, quaisquer que sejam, se houver. Pois embora comumente a verdade esteja do lado de alguns poucos, em vez de estar com a maioria, quando, nas opiniões e questões consideradas e discutidas por muitos ocorre que nenhum dentre aqueles homens que assim discutem difere dos demais, então é possível concluir justamente que eles conhecem aquilo que estão ensinando, o que não se daria de outra forma. E isto aparece mais claramente àqueles que consideraram os vários assuntos nos quais exercitaram suas escritas, e as diversas maneiras pelas quais procederam, junto com a diversidade de sucessos daquelas. Afinal, aqueles homens que tomaram nas mãos a consideração de nada mais do que a comparação das dimensões, números, tempos e movimentos, e que proporções havia entre eles, com isto foram os autores de todas aquelas excelências graças às quais nos diferenciamos de todos os povos selvagens que ora habitam diversos lugares da América. E desde então assim têm sido os habitantes dessas terras, onde atualmente as artes e as ciências florescem mais. Afinal, dos estudos daqueles homens, procedeu tudo quanto chegou até nós pela navegação para nosso ornamento, e tudo quanto tem beneficiado a sociedade humana por meio da divisão, distinção e mapeamento da face da terra. Também, tudo quanto temos para a contagem dos tempos, e a previsão do curso dos céus; e tudo quanto temos graças à medição das distâncias, dos planos e dos sólidos de todos os tipos; e tudo quanto seja elegante ou defensivo nas construções. Considerando tudo isso demoradamente, no que diferimos em relação ao mais selvagem dos índios? Até hoje nunca se ouviu que ali tivesse havido alguma controvérsia acerca de qualquer conclusão destes assuntos. Contudo, a ciência ali tem sido continuamente aumentada e enriquecida pelas conclusões da especulação mais difícil e profunda; a razão ali fica evidente para qualquer homem que observe por

meio dos seus escritos. Afinal, eles procedem dos princípios mais baixos e simples, evidentes até para uma capacidade mediana. Avançando lentamente, e com um raciocínio mais escrupuloso, a saber, com a inserção de nomes, eles inferem a verdade das primeiras proposições; e a partir de duas das primeiras, inferem uma terceira; e a partir de duas da terceira, inferem uma quarta; e assim por diante, de acordo com os passos da ciência, mencionados no capítulo VI, seção 4. Por outro lado, aqueles homens que escreveram acerca das faculdades, paixões e maneiras dos homens, ou seja, da filosofia moral, e da política, do governo e das leis, dos quais existem incontáveis volumes, têm estado tão longe de remover a dúvida e as controvérsias das questões que têm manipulado, que o que eles mais fazem é multiplicá-las. Sequer pode algum homem, atualmente, pretender que sabe mais do que o que foi deixado há dois mil anos por Aristóteles. E a esse respeito, ainda, cada homem pensa que conhece tanto quanto qualquer outro. Supõem que, para isso, não necessitam de outro saber além daquele desenvolvido neles pelo seu juízo natural, embora eles manobrem ou empreguem seu entendimento diferentemente quando buscam riqueza ou posição. A razão disso não é outra senão que, em seus escritos e discursos, eles tomam como princípios aquelas opiniões que já foram acolhidas pelo vulgo, sejam elas verdadeiras ou falsas; sendo que, na maioria, são falsas. Existe, portanto, um grande ponto de diferença entre o ensino e a persuasão, sendo o sinal desta a controvérsia, e sendo um sinal do primeiro a falta de controvérsia.

4. Existem dois tipos de homens que podem comumente ser chamados estudiosos. Um é aquele tipo que procede evidentemente a partir de princípios simples, como foi descrito na última seção; estes homens são chamados *mathematici*. Os outros são aqueles que levantam máximas a partir de sua educação, e a partir da autoridade dos homens, ou do costume, e tomam por raciocínio o discurso habitual da língua; estes são chamados *dogmatici*. Como vimos, na última seção, que aqueles a que chamamos mathematici são absolvidos do crime de gerar controvérsias, e aqueles que não fingem o saber não podem ser acusados, fica o erro completamente nos dogmáticos, ou seja, aqueles que são instruídos imperfeitamente, e que pela paixão forçam que suas opiniões passam por verdades em qualquer lugar, sem qualquer demonstração evidente, seja a partir da experiência, seja a partir de lugares da Escritura de interpretação incontroversa.

5. A expressão dessas concepções que causam em nós a experiência do bom enquanto estamos deliberando, assim como daquelas que causam a nossa expectativa do mau, é o que denominamos *aconselhamento* (*counselling*), que é a deliberação interna da mente acerca do que nós mesmos podemos fazer ou não fazer. As conseqüências das nossas ações são nossas conselheiras, pela sucessão alternada na mente. Assim, no conselho que um homem toma dos outros homens, os conselheiros alternadamente fazem com que apareçam as conseqüências da ação, e nenhum deles delibera, mas fornecem dentre eles aquele que pode aconselhar com argumentos a partir dos quais é possível deliberar por si.

6. Um outro uso da linguagem é a expressão do apetite, da intenção e da vontade, como o apetite do conhecimento, por meio da interrogação, ou o apetite de ter uma coisa dada por outrem, por meio do pedido, da solicitação ou da petição. Expressões do nosso propósito ou intenção, como a promessa, que é a afirmação ou negação de alguma ação a ser feita no futuro; a ameaça, que é a promessa de um malefício; e o comando, que é aquela fala pela qual queremos dizer a alguém o nosso apetite ou desejo de que alguma coisa seja feita ou fique sem ser feita, por razões contidas na própria vontade. Pois não foi dito propriamente *Sic volo, sic jubeo,* sem aquela outra cláusula, *Stet pro ratione voluntas.* E quando o comando é uma razão suficiente que nos mova à ação, então a este comando dá-se o nome de lei.

7. Um outro uso da linguagem é a instigação e a pacificação, pela qual intensificamos ou diminuímos a paixão de alguém. É a mesma coisa que a persuasão; sua diferença não é real. Afinal, a produção da opinião e da paixão é a mesma. Mas enquanto na persuasão nós objetivamos alcançar uma opinião a partir da paixão, aqui a finalidade é gerar a paixão a partir da opinião. E assim como ao gerar uma opinião a partir da paixão algumas premissas são boas o bastante para implicar a conclusão desejada, da mesma forma, ao gerar a paixão a partir da opinião não vem ao caso se a opinião é verdadeira ou falsa, ou se a narração é histórica ou fabulosa. Afinal não é a verdade, mas a imagem, que gera a paixão. E uma tragédia, bem representada, afeta não menos do que um assassinato.

8. Embora as palavras sejam sinais que temos das opiniões e intenções que temos uns dos outros, como o equívoco delas é tão freqüente (por causa da diversidade de contextura, e do convívio em função do qual

elas existem), a presença daquele que fala, nossa observação das suas ações, e nossa conjectura das suas intenções, devem ajudar a nos aliviar do equívoco. É preciso, portanto, ser extremamente firme para encontrar as opiniões e o significado daqueles homens que há muito tempo se foram, e não nos deixaram nenhuma outra significação além dos seus livros, que possivelmente não têm como ser compreendidos sem a história, para descobrir aquelas circunstâncias anteriormente mencionadas, e também sem grande prudência para observá-las.

9. Quando acontece de um homem afirmar duas opiniões contraditórias, das quais uma tem significado claro e direito, ao passo que a outra é extraída como conseqüência da primeira, ou não é reconhecida por ser contraditória a ela. Então, quando ele não está presente para explicar melhor por si mesmo, devemos tomar a primeira como sua opinião, pois esta é clara e diretamente significada como sendo sua, ao passo que a outra pode proceder de um erro na dedução, ou ignorância da sua rejeição. O mesmo também deve ser feito em duas expressões contraditórias da intenção e da vontade de um homem, pela mesma razão.

10. Visto que assim como qualquer um que fale a outrem pretende com isso fazer com que seja compreendido aquilo que disse, se ele falar ao outro numa linguagem que este não compreende, ou se usar alguma palavra num outro sentido que não aquele que acredita ser o sentido para aquele que ouve, ele também pretende não tornar compreensível aquilo que está dizendo. O que é uma contradição nele mesmo. Portanto, deve-se sempre supor que aquele que pretende não iludir permita a interpretação particular da sua fala por aquele a quem ele a dirige.

11. O silêncio, naquele que crê que o mesmo deve ser tomado como um sinal da sua intenção, é de fato um sinal desta. Afinal, se ele não consentiu, o esforço da linguagem ao declarar o mesmo seria tão pequeno quanto é presumir que ele o fez.

Conclusão: Até aqui, consideramos a natureza do homem enquanto requisito para a descoberta dos primeiros e mais simples elementos com os quais as composições das regras e leis políticas serão resolvidas em seguida. Este foi o meu propósito presente.

ELEMENTOS DA LEI NATURAL E POLÍTICA
PARTE I, CAPÍTULO XIV
OU DO CORPO POLÍTICO
PARTE I, CAPÍTULO I

Do estado e direito de natureza[1]

1, 2. Os homens são iguais por natureza. 3. Por vã glória se indispõem em admitir igualdade entre eles mesmos e outrem. 4. Os homens são aptos a provocar outrem por comparação. 5. São aptos a abusar uns dos outros. 6. Definição de direito. 7. O direito ao fim implica o direito aos meios. 8. Todo homem é por natureza o seu próprio juiz. 9. Toda força e conhecimento do homem são para o seu próprio uso. 10. Todo homem tem por natureza direito a todas as coisas. 11. Definição de guerra e de paz. 12. Os homens estão por natureza no estado de guerra. 13. Em franca desigualdade, a força é direito. 14. A razão dita a paz.

1. Num tratado já publicado anteriormente, acerca da natureza humana, foi apresentada em seu conjunto a natureza do homem, como consistindo nas faculdades naturais do seu corpo e mente, e podem ser todas compreendidas nestas quatro, a força do corpo, a experiência, a razão e a paixão.

---

[1] Capítulo correspondente ao Capítulo I da Parte I do *De corpore politico;* seu objeto é também tratado no Capítulo I ("Da condição humana fora da sociedade civil") da Parte I ("Liberdade") do tratado *Do cidadão*, e no Capítulo XIII ("Da condição natural da humanidade relativamente a sua felicidade e miséria") da Parte I ("Do homem") do *Leviatã*. (NT)

2. Neste tratado, é o caso de considerar em qual estado de segurança esta nossa natureza tem nos colocado, e qual a probabilidade de nos deixar, de continuar e preservar nós mesmos contra a violência de um outro. Em primeiro lugar, se considerarmos quão pouca é a diferença de força ou de sagacidade existente entre os homens na idade adulta, e com quão grande facilidade aquele que é o menos potente em força ou em senso, ou em ambas, pode apesar disso destruir o poder do mais forte, com base nisso não é necessária muita força para que se retire a vida de um homem, podemos concluir que os homens, considerados na sua simples natureza, devem admitir igualdade entre elas. E que se ele não deseja mais, deve ser tido como moderado.

3. Por outro lado, considerando a grande diferença existente entre os homens, a partir da diversidade das suas paixões, quantos são tomados pela vã glória, e *desejam (hope)* precedência e superioridade sobre os seus pares, não apenas quando eles são iguais em poder, mas também quando são inferiores. Devemos buscar reconhecer que disso deve se seguir necessariamente que aqueles homens que são moderados e procuram nada mais do que a igualdade de natureza devem ser ofensivos à força dos demais, que buscarão submetê-los. E daí deverá proceder um constrangimento geral na humanidade, e temor mútuo um do outro.

4. Além disso, desde que os homens são, pela paixão natural, de diversas maneiras ofensivos uns aos outros, e todo homem pensa bem acerca de si e odeia constatar o mesmo nos demais, eles devem provocar uns aos outros por meio das palavras e outros sinais de desprezo e ódio, que são incidentes a toda comparação, até finalmente mostrarem a preeminência pela potência e força do corpo.

5. Ademais, considerando que os apetites de muitos homens levam-nos para um e o mesmo fim, este fim algumas vezes nem pode ser usufruído em comum, nem dividido, segue-se que o mais forte deve usufruí-lo sozinho, e que é decidido por meio de batalhas em favor do mais forte. E portanto a maior parte dos homens, sem assegurar-se enquanto maioria, entretanto por meio da vaidade, ou comparação, ou apetite, provocam os demais, que de outra maneira ficariam satisfeitos com a igualdade.

6. E visto que a necessidade da natureza faz com que os homens queiram e desejem o *bonum sibi*, aquilo que é bom para eles, evitam aquilo que lhes é prejudicial, mas, acima de tudo, o terrível inimigo da

natureza, a morte, de quem esperamos não apenas a perda de toda a nossa potência, mas também a maior das dores corporais ao perdê-la. Não é sem razão que um homem faça tudo o que puder para preservar o seu próprio corpo e seus membros tanto da morte quanto da dor. E que o que não é contra a razão os homens denominam *direito,* ou *jus,* ou *liberdade inocente* (*right, or jus, or blameless liberty*) para utilizar a sua própria potência natural e habilidade. É entretanto um direito de natureza que todo homem possa preservar a sua própria vida e membros, com toda a potência que possui.

7. E porque onde um homem tem direito aos fins, os fins não podem ser atingidos sem os meios (isto é, sem certas coisas que são necessárias aos fins), é uma conseqüência que não seja contra a razão (e que seja, portanto, um direito), para um homem, utilizar todos os seus meios e qualquer ação necessários para a preservação do seu corpo.

8. Também, todo homem por direito de natureza é juiz de si mesmo quanto à necessidade dos meios, e à grandeza do perigo. Pois se é contra a razão que eu seja juiz de meu próprio perigo, então é racional que um outro homem seja esse juiz. Mas a mesma razão que faz com que outro homem julgue as coisas que me dizem respeito também me torna juiz daquilo que diz respeito a ele. E portanto eu tenho razão para julgar se sua sentença é feita em meu benefício ou não.

9. Assim como o julgamento de um homem no direito de natureza deve ser empregado em seu próprio benefício, da mesma forma a força, o conhecimento, e a arte de todo homem é então empregada retamente quando ele a utiliza para si mesmo. Nada mais é preciso para que um homem tenha direito a preservar a si mesmo.

10. Todo homem tem por natureza direito a todas as coisas, ou seja, a fazer qualquer coisa que lhe apraz e a quem lhe apraz, a possuir, a utilizar e usufruir todas as coisas que quiser e puder. Considerando que todas as coisas que ele deseja devem ser boas em sua própria natureza, porque ele as deseja, e podem se inclinar à sua preservação uma vez ou outra, ou assim ele pode julgá-las, e nós o fizemos o juiz delas, na seção 8, segue-se que todas as coisas podem ser feitas por ele *justamente* (*rightly*). E por esta causa é que se diz justamente que *Natura dedit omnia omnibus,* que "a Natureza deu todas as coisas a todos os homens", de tal maneira que o *jus* e o *utile,* o *direito* (*right*) e o *útil* (*profit*), são a mesma coisa. Mas

aquele direito de todos homens sobre todas as coisas não é, em efeito, melhor do que se homem algum não tivesse direito a coisa alguma. Pois é de pouco uso e proveito o direito que um homem tem, quando um outro mais forte, ou pelo menos mais forte do que ele, tem direito à mesma coisa.

11. Considerando então a ofensividade da natureza dos homens uns com os outros, deve-se acrescentar um direito de todos os homens a todas as coisas, segundo o qual um homem invade com direito, e outro homem com direito resiste, e os homens vivem assim em perpétua difidência, e estudam como devem se preocupar uns com os outros. O estado dos homens em sua liberdade natural é o estado de guerra. Pois a guerra nada mais é do que o tempo no qual há vontade de disputar e contestar por meio da força, seja com palavras ou com ações suficientemente declaradas; e o tempo que não é guerra, este é a paz.

12. Sendo assim o estado de hostilidade e de guerra, pelo qual a própria natureza é destruída, com os homens matando-se uns aos outros (como nós também sabemos que assim é, tanto pela experiência das nações bárbaras que existem atualmente e como pelas histórias dos nossos ancestrais, os antigos habitantes da Alemanha e outras nações que hoje são civilizadas, nas quais descobrimos que o povo viveu pouco e brevemente e sem os ornamentos e confortos da vida, em função dos quais a paz e a sociedade são usualmente inventadas e procuradas), aquele portanto que deseja viver num estado tal como é o estado de liberdade e direitos de todos sobre tudo (*all to all*), contradiz a si mesmo. Pois todo homem, pela necessidade natural, deseja o seu próprio bem, ao qual aquele estado é contrário, no qual supomos haver disputa entre os homens que por natureza são iguais e aptos a se destruírem uns aos outros.

13. Considerando que esse direito de nos protegermos a nós mesmos pela nossa própria discrição e força procede do perigo, e que o perigo procede da igualdade entre as forças dos homens, é muito mais racional que um homem frustre essa igualdade antes que chegue o perigo, e antes que haja necessidade de uma batalha. Um homem, portanto, que tem outro homem em seu poder para regrar ou governar, para beneficiar ou injuriar, tem direito, graças à superioridade do seu poder presente, a tomar as precauções que quiser, para sua segurança futura contra outrem. Aquele, portanto, que já submeteu o seu adversário, ou colocou em seu

próprio poder alguém que, seja porque é uma criança, seja porque é mais fraco que ele, é incapaz de oferecer-lhe resistência, por direito de natureza pode se assegurar de que essa criança, ou essa pessoa fraca ou submissa, poderá ser regrada e governada por ele nos tempos futuros. Considerando que nós sempre desejamos a nossa própria segurança e preservação, nós claramente contradizemos essa intenção se estivermos dispostos a recusá-la, e tolerar que ele em algum momento possa reunir forças para ser nosso inimigo. Além disso deve-se também dizer que a força à qual não se pode resistir (*irresistible might*), no estado de natureza, é direito.

14. Mas desde que se supõe, pela igualdade da força e outras faculdades naturais dos homens, que nenhum homem sozinho possui força suficiente para assegurar por muito tempo a sua própria preservação por meio dela, enquanto ele permanece no estado de hostilidade e de guerra, a razão dita, portanto, que cada homem, para o seu próprio bem, procure a paz à medida que existir a esperança de consegui-la; também, que se fortaleça com toda a ajuda que puder procurar, para a sua própria defesa contra aqueles com quem a paz não pode ser obtida; e que faça todas as coisas que conduzirem necessariamente à paz.

ELEMENTOS DA LEI NATURAL E POLÍTICA
PARTE I, CAPÍTULO XV
OU DO CORPO POLÍTICO
PARTE I, CAPÍTULO II

Do direito natural desapossado por doação e convenção[1]

1. A lei de natureza não consiste no consentimento dos homens, mas na razão. 2. É um preceito da natureza que todo homem se desaposse do direito que tem a todas as coisas. 3. O que significa abdicar ou transferir o direito de alguém. 4. A vontade de transferir e a vontade de receber são ambas necessárias para a transferência do direito. 5. O direito não é transferido apenas por palavras de futuro. 6. As palavras de futuro, junto de outros sinais da vontade, podem transferir o direito. 7. Definição de doação gratuita. 8. O contrato e seus tipos. 9. Definição de convenção. 10. O contrato de confiança mútua não tem validade num estado de hostilidade. 11. Não há convenções dos homens senão uns com os outros. 12. Como se dissolvem as convenções. 13. As convenções obtidas por extorsão são válidas no estado de natureza. 14. A convenção contrária à convenção anterior é nula. 15. Definição de um juramento. 16. Juramento a ser administrado a cada homem em sua própria religião. 17. O juramento não acrescenta nada à obrigação. 18. As convenções só não comprometem à iniciativa.

---

[1] Capítulo correspondente ao Capítulo II da Parte I do *De corpore politico;* seu objeto é também tratado no Capítulo II ("Da lei de natureza acerca dos contratos") da Parte I ("Liberdade") do tratado *Do cidadão*, e no Capítulo XIV ("Da primeira e segunda leis naturais, e dos contratos") da Parte I ("Do homem") do *Leviatã*. (NT)

1. Sobre o que é isso a que se dá o nome de lei de natureza (*law of nature*), aqueles que sobre o assunto escreveram não conseguiram chegar a um acordo. Na maioria das vezes, quando esses autores afirmam que alguma coisa é contra a lei de natureza, não alegam nada mais que o seguinte: que ela vai contra o consenso de todas as nações, ou contra as nações mais sábias e civilizadas. Mas não existe consenso quanto a quem deverá julgar quais nações são as mais sábias. Outros autores dizem que está contra a natureza aquilo que é contrário ao consenso de toda a humanidade; esta definição não pode ser aceita, porque nenhum homem, então, poderia ofender contra a lei de natureza, pois a natureza de todo homem está contida na natureza da humanidade. Mas visto que assim como todo homem é levado pela violência de sua paixão e pelos maus costumes faz aquelas coisas que comumente se diz serem contra a lei de natureza, não é o acordo das paixões, ou o consenso em algum erro adquirido pelo costume, que cria a lei de natureza. A razão não é menos da natureza humana do que a paixão, e ela é a mesma em todos os homens, porque todos os homens concordam na vontade de serem dirigidos e governados no caminho para aquilo que eles desejam alcançar, a saber, o seu próprio bem, o qual é obra da razão. Não pode haver, portanto, outra lei de natureza além da razão, nem outros preceitos da *lei natural* (*natural law*) do que aqueles que declaram para nós os caminhos para a paz onde esta pode ser obtida, e os caminhos para a defesa onde não se puder obtê-la.

2. Um preceito da lei de natureza, portanto, é este, que *Todo homem se desapossa do direito que por natureza tem a todas as coisas*. Pois quando vários homens têm direito não apenas a todas as coisas, mas também às coisas de outrem, por causa disso surgem então invasão de um lado e resistência do outro, o que significa guerra, contrária, portanto, à lei de natureza, cuja síntese consiste em fazer a paz.

3. Quando um homem desapossa e arranca de si o seu direito, ele ao mesmo tempo simplesmente o abandona ou transfere a outro homem. Tê-lo *abandonado* (*to relinquish*) é um sinal suficiente para declarar que não é mais sua vontade realizar aquela ação, que por direito ele podia realizar no passado. *Transferir* (*to transfer*) o direito a outrem é sinal suficiente para lhe declarar que aceita isso, que é sua vontade não resistir ou obstruí-lo com base naquele direito que tinha antes que o tivesse transferido. Visto que por natureza todo homem tem direito a todas as coisas, é

impossível para qualquer homem transferir para outrem algum direito que este não tinha anteriormente. Portanto, tudo aquilo que um homem faz ao transferir o seu direito nada mais é do que uma manifestação da vontade de permitir que aquele a quem transferiu o direito faça usufruto do mesmo sem ser incomodado. Por exemplo, quando um homem oferece suas terras ou bens a outrem ele retira de si mesmo o direito de entrar nelas e fazer uso das ditas terras e bens, ou, diferentemente, impede que ele mesmo use daquilo que deu.

4. Para a transferência do direito, portanto, duas coisas são necessárias: uma da parte daquele que o transfere, que é a suficiente significação da sua vontade em transferi-lo; outra, da parte daquele a quem o direito é transferido, que é a suficiente significação de que o aceita. Faltando alguma destas coisas, o direito permanece onde estava: não é possível supor que quem tenha transferido o seu direito a alguém que não o aceitou, dessa forma simplesmente abandonou o direito e o transferiu a qualquer um que queira recebê-lo. Visto que a causa da transferência do direito a alguém antes que a outrem, reside naquele e não nos demais.

5. Quando não aparecem aí outros sinais de que um homem tenha abandonado ou transferido o seu direito além de palavras, é necessário que o mesmo seja dito em palavras que signifiquem o tempo presente ou o tempo passado, e não apenas o tempo futuro. Pois aquele que diz do tempo por vir, como, por exemplo, "Amanhã eu outorgarei", declara evidentemente que ainda não entregou. O direito, portanto, permanece nele hoje, e assim continua até que ele o tenha atualmente entregue. Mas aquele que diz "Eu outorgo", presentemente, ou diz a outrem alguma coisa para ter ou desfrutar do mesmo amanhã ou em outro tempo futuro, transferiu atualmente o mencionado direito, o qual, desta outra forma, ele deverá possuir quando o outro desejar desfrutá-lo.

6. Mas porque as palavras sozinhas não são declaração suficiente da mente – como foi mostrado no capítulo XIII, seção 8 – as palavras ditas *de futuro,* quando a vontade daquele que as disse poderá ser acrescida de outros sinais, pode ser tomada muitas vezes como se tivessem um significado *de praesenti.* Pois quando parece que aquele que outorgou teve as suas palavras bem compreendidas por aquele a quem outorgou, como se ele estivesse transferindo atualmente o seu direito, então ele deve deixar compreendido que deseja tudo o que for necessário para o mesmo.

7. Quando um homem transfere algum direito seu para outrem, sem considerar o benefício recíproco passado, presente ou futuro, a isso se denomina *dom gratuito* (*free gift*). E no dom gratuito nenhuma outra palavra pode ser adicionada, senão aquelas que são *de praesenti,* ou *de praeterito*. Afinal, sendo *de futuro* apenas, elas nada transferem, nem podem ser compreendidas, como se elas procedessem da vontade do outorgante. Porque, sendo um dom gratuito, ele não comporta obrigações maiores do que aquelas que são impostas pelas palavras. Pois aquele que promete outorgar, sem qualquer outra consideração além da sua própria afeição, já que ele não outorgou, ainda delibera, de acordo com a continuidade ou diminuição das suas causas. E aquele que delibera não deseja ainda, porque a vontade é o último ato da sua deliberação. Aquele que portanto promete não é por conta disso um doador, mas um *doson.* Este nome foi dado a Antíoco, que sempre prometia, mas raramente dava.

8. Quando um homem transfere o seu direito por consideração a um benefício recíproco isso não é um dom gratuito, mas uma doação mútua, que recebe o nome de *contrato* (*contract*). E em todos os contratos cada uma das partes que o estão cumprindo põem uma à outra na certeza e segurança de que usufruirão daquilo que contrataram, como quando os homens compram, ou vendem, ou trocam; ou quando é uma que o cumpre e a outra apenas promete, como quando alguém vende a crédito; e enfim, se nenhuma das partes cumpre presentemente o contratado, elas apenas confiam uma na outra. É impossível que exista algum tipo de contrato além destes três. Assim, ou cada um dos contratantes confia no outro, ou não confiam entre si; ou um deles confia, mas o outro não.

9. Em todos os contratos onde existe confiança, a promessa daquele em quem se confia recebe o nome de *convenção* (*covenant*). E esta, embora seja uma promessa para o tempo futuro, quando chegar aquele tempo causará a transferência do direito tanto quanto numa doação presente. Pois é um sinal claro que aquele que cumpre compreendeu qual era a vontade daquele que lhe deu confiança a cumprir algo. As promessas, portanto, que consideram o benefício recíproco, são convenções e sinais da vontade ou último ato da deliberação, por onde a liberdade de cumprimento, ou não cumprimento, são desaparecidos, e conseqüentemente são obrigatórios. Pois onde a liberdade cessa, começa a obrigação.

10. Todavia, nos contratos que levam em consideração esta confiança mútua, como naquele em que nada é realizado presentemente por qualquer uma das partes, quando o contrato se dá entre partes que não estão compelidas, aquele que o cumpre primeiro, considerando a disposição de homens a tirar vantagem de todas as coisas em benefício próprio, antes denuncia a si mesmo a sua mesquinhez ou outras de suas paixões com aqueles com quem pactua. E portanto estas convenções são sem efeito algum. Pois não existe razão pela qual uma das partes deva cumpri-la primeiro, se a outra não estiver apta a cumpri-la posteriormente. Ainda, quer esteja apto ou não, aquele que duvidar deverá julgar por si próprio – como foi dito no capítulo I, seção 8 –, já que eles permanecem no estado e liberdade de natureza. Mas quando tiver de existir algum poder coercitivo sobre ambas as partes, destituindo-as de seus julgamentos particulares a este respeito, então poderão ser efetuadas algumas convenções, dado que quem cumpre primeiro não deverá ter causa racional para duvidar do cumprimento por parte do outro, que poderá ser compelido a isto.

11. E visto que assim como em todas as convenções, contratos e doações, a aceitação daquele a quem o direito é transferido é necessária à essência dessas convenções, doações, etc., é impossível fazer uma convenção ou doação a alguém, que por natureza ou ausência é incapaz, ou se capaz, não declara atualmente a sua aceitação sobre o mesmo. Antes de tudo, portanto, é impossível para qualquer homem firmar uma convenção com Deus Todo-Poderoso, pelo qual se lhe peça que declare o que deverá ser recebido e aceito da dita convenção em seu nome. Também é impossível firmar uma convenção com aquelas criaturas vivas de cujas vontades não temos sinal suficiente, por faltar a elas uma linguagem comum.

12. O compromisso de fazer alguma ação em determinado tempo e lugar é então dissolvido pelo pactuante *devedor* (*covenanter*) quando esse tempo chega seja pelo cumprimento, seja pela violação. Pois uma convenção é inválida quando se mostra impossível. Já um compromisso de não fazer, sem tempo limitado, é o mesmo que dizer que, se uma convenção nunca for cumprida, poderá ser dissolvida pelo pactuante devedor apenas quando este o violar, ou se morrer. E geralmente, todas as convenções são cumpridas pelo pactuante *credor* (*covenantee*), por cujo benefício e por cujo direito aquele que celebra a convenção fica obrigado. Esse direito, portanto, do credor abandonado é uma quitação da conven-

ção. E universalmente, pela mesma razão, todas as obrigações ficam determinadas pela vontade do obrigante.

13. É uma questão sempre levantada saber se estas convenções obrigam, quando são extorquidas dos homens por meio do medo. Como exemplo, se é o caso de um homem, por medo da morte, ter prometido dar a um ladrão cem libras no dia seguinte, e não lhe revela isso; pergunta-se se essa convenção é obrigatória ou não, posto que em alguns casos a convenção pode ser nula, ainda que não seja ineficaz em razão de ter havido uma extorsão por meio do temor. Afinal, não se apresenta nenhuma razão para que aquilo que nós fazemos sob o medo venha a ser menos firme do que aquilo que fazemos a partir da nossa vontade. Pois tanto um quanto a outra tornam voluntária a ação. E se não fosse boa nenhuma convenção que procedesse do medo da morte, nenhuma condição de paz entre inimigos ou entre direitos teria força, pois são todas concedidas com base naquele temor. Pois quem desejaria perder a liberdade que a natureza lhe deu de governar a si mesmo segundo a sua própria vontade e potência se não temesse a morte por conservar aquela? Que prisioneiro de guerra poderia confiar na busca de sua libertação, e não teria a obrigação de ser morto, se ele não estivesse atado pela concessão de sua vida para cumprir sua promessa? Mas após a introdução da política e das leis, o caso pode se alterar. Afinal, se pela lei o cumprimento de uma tal convenção for proibido, então aquele que promete alguma coisa a um ladrão não apenas pode como deve se recusar a cumpri-la. Mas se a lei não proibiu o cumprimento, mas antes o deixa à vontade do promitente, então o cumprimento ainda é legítimo. E a convenção de coisas legítimas é obrigatória, mesmo com respeito a um ladrão.

14. Aquele que outorga, promete ou pactua com alguém e, posteriormente, outorga, promete ou pactua o mesmo a outra pessoa, torna nulo o último ato. Pois é impossível para um homem transferir aquele direito que ele próprio não possui. E aquele direito que ele não possui, ele próprio já transferiu antes.

15. Um *juramento* (*oath*) é uma cláusula anexada a uma promessa, contendo uma renúncia da piedade de Deus por aquele que promete, em caso de não cumprimento, até onde é legítimo e possível para ele fazê-lo. E isso aparece segundo as palavras que constituem a essência do juramento, *Que Deus me ouça!* Assim também era entre os pagãos. E a fórmula

dos romanos era: *Que Júpiter mate aquele que descumpre, assim como eu mato este animal.* A intenção de um juramento, portanto, era provocar a vingança sobre os violadores da convenção. Não tem qualquer finalidade jurar pelos homens, por mais importantes que sejam, porque a sua punição por diversos acidentes pode ser evitada, se eles quiserem ou não, mas a punição divina não. Não obstante fosse o costume em muitas nações jurar pela vida de seus príncipes, sendo aqueles príncipes ambiciosos das honras divinas, davam prova suficiente de que eles acreditavam que a ninguém se tinha a obrigação de prestar juramento, senão à Divindade.

16. E dado que os homens não podem ter medo de um poder no qual não acreditam, e que um juramento não tem qualquer finalidade se não houver o medo daquele a quem se presta o juramento, é necessário que aquele que jura o faça segundo a fórmula que ele mesmo admite na sua própria religião, e não segundo a fórmula que ele utiliza, que o põe em juramento. Pois embora os homens possam todos saber por natureza que existe um poder Todo-Poderoso, eles entretanto não acreditam que juram por aquele sob outra forma ou nome do que os deles próprios, que eles crêem ser verdadeiros, e que a religião lhes ensinou.

17. E pela definição de um juramento, parece que este não adiciona uma maior obrigação de cumprir a convenção prometida do que a convenção comporta em si mesma, mas coloca um homem num perigo maior, e sob uma maior punição.

18. As convenções e os juramentos são *de voluntariis*, ou seja, *de possibilitus*. O pactuante credor não pode solicitar ao pactuante devedor que prometa coisas impossíveis, pois estas não podem ser deliberadas. Conseqüentemente (conforme o capítulo XIII, seção 10 do Tratado da natureza humana, que faz do credor um intérprete), não se pode esperar que nenhuma convenção obrigue mais além do que o nosso melhor esforço seja pelo cumprimento da coisa prometida, seja por uma coisa equivalente.

ELEMENTOS DA LEI NATURAL E POLÍTICA
PARTE I, CAPÍTULO XVI
OU DO CORPO POLÍTICO
PARTE I, CAPÍTULO III

Algumas das leis de natureza[1]

1. Que os homens se mantêm em suas convenções. 2. Definição de injúria. 3. Que a injúria é feita apenas sobre o credor. 4. O significado destes nomes: justo e injusto. 5. A justiça não corretamente distribuída como comutativa e distributiva. 6. É uma lei de natureza que aquele em quem se confia não pague a confiança com prejuízo a quem o confiou. 7. Definição de ingratidão. 8. É uma lei de natureza procurar conciliar um ao outro. 9. E que os homens perdoam sob caução para o futuro. 10. A que a vingança deverá respeitar apenas ao futuro. 11. Que a repreensão e o desacato declarados são contrários à lei de natureza. 12. Que a indiferença de comércio é da lei de natureza. 13. Que os mensageiros recrutados para procurar ou manter a paz devem estar a salvo na lei de natureza.

    1. É um dito comum que a natureza não faz nada em vão. Isso está certíssimo, assim como que a verdade de uma conclusão nada mais é do

---

[1] Capítulo correspondente ao Capítulo III da Parte I do *De corpore politico;* seu objeto é também tratado no Capítulo III ("Das outras leis de natureza") da Parte I ("Liberdade") do tratado *Do cidadão*, e no Capítulo XV ("De outras leis de natureza") da Parte I ("Do homem") do *Leviatã*. (NT)

que a verdade das premissas que nela implicam. Do mesmo modo, a força do comando ou lei de natureza nada mais é do que a força das razões que a ela induzem. Portanto, a lei de natureza mencionada no capítulo anterior, à seção 2, a saber, *Que todo homem desapossou-se do seu próprio direito, etc.*, seria completamente vã e sem efeito algum se esta também não fosse uma lei de natureza, que *Todo homem é obrigado a manter e cumprir as convenções que celebra*. Afinal, que benefício há para um homem a quem tenha sido prometida alguma coisa ou dada a ele se aquele que outorga ou promete não cumpre o prometido, ou se ainda retém consigo o direito de tomar de volta aquilo que dera?

2. A quebra ou violação da convenção é aquilo a que os homens chamam *injúria* (*injury*), consistindo em alguma ação ou omissão, que é por isso denominada *injusta* (*unjust*). Afinal, é a ação ou omissão, sem *jus*, ou direito, que foi transferida ou abandonada antes. Há uma grande semelhança entre aquilo que chamamos de injúria, ou injustiça nas ações e conversações dos homens no mundo, e aquilo que é chamado de *absurdo* nos argumentos e disputações dos escolásticos. Afinal, assim como se diz que se reduz a um absurdo aquele que é levado a contradizer uma asserção que ele mesmo sustentava anteriormente, da mesma forma diz-se que comete uma injustiça aquele que, por intermédio da paixão, faz ou deixa de fazer aquilo que por convenção prometera fazer ou não deixar de fazer. De modo que existe em cada quebra de convenção uma contradição propriamente dita. Afinal, aquele que ora convenciona deseja fazer ou deixar de fazer num tempo futuro. E aquele que realiza uma ação deseja-a para aquele tempo presente, que é uma parte do tempo futuro outrora contido na convenção. Portanto, aquele que viola uma convenção deseja a realização e a não realização da mesma coisa, ao mesmo tempo, o que é uma total contradição. E assim, a injúria é uma absurdidade da convivência, assim como a absurdidade é um certo tipo de injustiça na disputação.

3. Em toda violação de convenção (não importa a quem se cause o dano), a injúria é feita apenas àquele em favor de quem foi celebrada a convenção. Por exemplo, se um homem convenciona obedecer ao seu senhor, e o senhor lhe ordena que dê dinheiro a um terceiro, o que ele promete fazer mas não faz, apesar de ter causado um dano ao terceiro a injúria é feita ao seu senhor apenas. Pois ele não poderia violar convenção alguma com o terceiro, com quem nada foi feito, e portanto não lhe

causa injúria. Pois a injúria consiste na violação de uma convenção, conforme a sua definição.

4. Os nomes de *justo, injusto, justiça, injustiça* (*just, unjust, justice, injustice*) são equívocos, e têm significados diversos. Afinal, a justiça e a injustiça, quando são atribuídas às ações, significam a mesma coisa que não injúria e injúria, e denominam a ação como justa ou injusta, mas o homem não. A este, elas denominam *culpado,* ou *inocente* (*guilty, or not guilty*). Mas quando a justiça ou a injustiça são atribuídas aos homens, elas significam propensão, afecção e inclinação de natureza, ou seja, paixões da mente, capazes de produzir ações justas e injustas. De modo que quando se diz que um homem é justo ou injusto, está sendo considerada não a ação, mas a paixão e a aptidão para realizar aquela ação. Por esse motivo, um homem justo pode ter cometido um ato injusto; e um homem injusto pode ter realizado justamente não apenas uma, mas a maior parte das suas ações. Pois existe um *odderunt peccare* no injusto assim como há no justo, só que por causas diferentes. Pois o homem injusto que se abstém das injúrias por medo de punição declara plenamente que a justiça das suas ações depende da constituição civil da qual procedem aquelas punições, as quais diferentemente poderiam ser injustas no estado de natureza, de acordo com a fonte de onde fossem retiradas. Nessa distinção portanto entre a justiça e a injustiça deve ser recordado que quando a injustiça é tomada enquanto culpa, a ação é injusta, mas contudo não o homem; e quando a justiça é tomada por inocência, as ações são justas, ainda que o homem nem sempre o seja. Igualmente, quando a justiça e a injustiça são tomadas enquanto hábitos da mente, o homem pode ser justo ou injusto, e ainda assim nem todas as suas ações o serem.

5. Acerca da justiça das ações, ela é usualmente dividida em duas espécies, dentre os quais os homens chamam a uma comutativa, e a outra distributiva, e diz-se que uma consiste na proporção aritmética, enquanto a outra na proporção geométrica. A justiça comutativa é colocada por eles nos câmbios, como a compra, a venda, a troca; a justiça distributiva, na atribuição a cada homem de acordo com os seus méritos. Essa distinção não é muito bem feita, visto que a injúria, que é a injustiça da ação, consiste não na desigualdade das coisas cambiadas ou distribuídas, mas na desigualdade que os homens, contrários à natureza e à razão, assumem por eles sobre os seus pares. Desta desigualdade, devo falar daqui por

diante. E da justiça comutativa situada na compra e na venda, embora a coisa comprada seja desigual ao preço dado por ela, mesmo assim tanto o comprador quanto o vendedor se tornam juízes do valor, e ficam ambos por isso satisfeitos, não podendo haver injúria de uma ou outra parte, nem pode uma parte ter creditado ou convencionado com a outra. E por justiça distributiva, que consiste na distribuição de nossos próprios benefícios, visto portanto que uma coisa é dita nossa porque podemos dispor dela conforme a nossa vontade, não pode haver injúria a homem algum, embora a nossa liberalidade seja além disso estendida a outrem do que a si mesmo. Salvo se a isto estivermos obrigados por convenção; nesse caso, a injustiça consiste na violação da convenção, e não na desigualdade da distribuição.

6. Ocorre muitas vezes que os homens se beneficiem ou contribuam com o poder uns dos outros, sem qualquer convenção, mas apenas a partir da confiança e fé em obter a graça ou o favor de outrem, no qual se pode procurar um benefício e assistência maior, ou não menor, para si mesmo. Afinal, por necessidade da natureza, todo homem, em todas as suas ações voluntárias, intenta algum bem para si mesmo. Neste caso, é uma lei de natureza *Que nenhum homem suporte que alguém, a quem confia a própria caridade e bons sentimentos, esteja numa condição pior do que a sua.* Pois se ele assim fizesse, os homens não ousariam conferir mutuamente as defesas uns dos outros, nem se colocariam à mercê uns dos outros sob quaisquer termos, mas antes eles suportariam o máximo ou pior evento da hostilidade. Por esta difidência geral, os homens não apenas querem se obrigar à guerra, mas também têm medo de sofrer excessivamente o perigo uns dos outros ao tentarem qualquer abertura para a paz. Mas isso deve ser compreendido daqueles apenas que conferem seus benefícios (como eu tenho dito) com base na confiança apenas, e não do triunfo ou ostentação. Afinal, assim como quando eles o fazem pela confiança, o fim que objetivam é – a saber, ser bem usado – uma recompensa; da mesma forma, quando eles o fazem por ostentação, eles têm a si mesmos como recompensa.

7. Mas considerando que neste caso não se celebra nenhuma convenção, a violação dessa lei de natureza não pode ser chamada injúria. Ela tem um outro nome para a razão: *ingratidão (ingratitude)*.

8. É também uma lei de natureza *Que todos os homens ajudem e se empenhem em manter os demais tão longe quanto puderem, sem perigo*

para si próprios e perda dos seus meios, de modo a manterem e defenderem a si mesmos. Considerando que as causas da guerra e desolação procedem daquelas paixões pelas quais nós lutamos para conciliar a nós mesmos, e deixar os outros tão longe quanto pudermos diante de nós, se segue que aquela paixão pela qual lutamos mutuamente para conciliar um com o outro deve ser a causa da paz. E esta paixão é aquela caridade definida no capítulo IX, seção 17.

9. E neste preceito da natureza é incluído e compreendido também este, *Que um homem desculpe e perdoe aquele que lhe fez alguma injustiça, a partir do arrependimento deste, e da precaução para o futuro.* Pois o *perdão* (*pardon*) é a paz concedida àquele que, tendo provocado a guerra, o solicita. Portanto não é caridade, mas medo, quando um homem concede a paz àquele que não se arrepende, nem toma os cuidados para mantê-la daí aos tempos futuros. Pois aquele que não se arrepende continua com a afecção de um inimigo; assim também faz aquele que recusa tomar cuidado e, conseqüentemente, presume-se que não busca a paz, mas a vantagem. E portanto esta lei de natureza não determina que ele seja perdoado, nem é uma caridade, mas pode algumas vezes ser prudência. Por outro lado, nem perdoar por arrependimento e precaução, considerando que os homens não podem se abster de provocarem uns aos outros, nunca é conceder a paz. E isso vai contra a definição geral da lei de natureza.

10. E dado que a lei de natureza determina o perdão, quando existe arrependimento e precaução quanto ao futuro, segue-se que a mesma lei ordena *Que nenhuma vingança deva ser feita em consideração apenas da ofensa passada, mas do benefício por vir.* Isso significa dizer que toda vingança deve tender à correção, seja da pessoa ofensora, ou de outrem, pelo exemplo da sua punição. Isto é suficientemente aparente naquela lei de natureza que determina o perdão, onde o tempo futuro é seguro. O mesmo é também aparente pelo seguinte, que a vingança quando considera a ofensa passada, é nada mais do que o triunfo presente e a glória, e direcionado a um fim. O que é direcionado não a um fim é por isso inútil. Conseqüentemente, o triunfo da vingança é vã glória. E tudo o que é vão é contrário à razão; e ofender a outrem sem razão é contrário àquilo que supostamente traz benefício a todos os homens, a saber, a paz; e o que é contrário à paz é contrário à lei de natureza.

11. E porque todos os sinais que nós apresentamos a um outro de ódio e desprezo, provoca no maior grau querelas e batalhas (visto que a própria vida, com a condição de duradouro desdém, não se considera merecido o gozo, muito menos a paz), precisa necessariamente ser subentendida uma lei de natureza, *Que nenhum homem reprove, insulte, ridicularize ou de outra maneira declare o seu ódio, desprezo ou desestima a outrem.* Mas esta lei é muito pouco praticada. Afinal, o que é mais comum do que as reprovações daqueles que são ricos através daqueles que não são? Ou daqueles que ocupam o posto da judicatura, através dos quais aqueles são acusados na corte, embora molestá-los dessa maneira não é parte da punição para seus crimes, nem faz parte do seu ofício. Mas prevaleceu o costume de que o que era legítimo no senhor em relação ao servo que ele mantinha é também praticado como legítimo no mais forte em relação ao fraco; entretanto, eles em nada contribuem com respeito à sua manutenção.

12. É também uma lei de natureza *Que um homem permita o comércio e o tráfico a outrem, indiferentemente.* Pois aquele que o permite para um homem, e que ele nega a outrem, declara seu ódio a ele, a quem ele nega. E declarar ódio é guerra. E sobre esse título cresceu a grande guerra entre os atenienses e os peloponésios. Afinal, se fossem os atenienses condescendentes em permitir que os megáricos, seus vizinhos, traficassem em seus portos e mercados, aquela guerra não teria começado.

13. E isso também é uma lei de natureza, *Que todos os mensageiros de paz, que são recrutados para procurar e manter a amizade entre este e aquele homem, possam seguramente ir e vir.* Pois visto que a paz é a lei geral da natureza, os meios para chegar a ela, tais como estes homens, devem ser compreendidos na mesma lei.

ELEMENTOS DA LEI NATURAL E POLÍTICA
PARTE I, CAPÍTULO XVII
OU DO CORPO POLÍTICO
PARTE I, CAPÍTULO IV

Outras leis de natureza[1]

1. É uma lei de natureza que todo homem reconheça os demais como seus iguais. 2. Outra lei, que os homens concedem aequalia aequalibus.
3. Outra, que aquelas coisas que não podem ser divididas devem ser usadas em comum. 4. Outra, que as coisas indivisíveis e incomunicáveis devem ser partilhadas por sorteio. 5. O sorteio natural, a primogenitura e a primeira possessão. 6. Que os homens se submetam à arbitragem.
7. De um árbitro. 8. Que nenhum homem apresente seu parecer a outro homem contra a própria vontade. 9. Como saber de súbito o que é a lei de natureza. 10. Que a lei de natureza tem lugar após ser assegurado pelos outros que observarão o mesmo. 11. O direito de natureza não é derrubado pelo costume, nem a lei de natureza abolida por qualquer ato.
12. Por que os ditames da natureza são chamados leis. 13. Tudo aquilo que é contra a consciência num homem que é o juiz de si mesmo é contra a lei de natureza. 14. De malum paenae, malum culpae; virtude e vício.
15. A aptidão à sociedade obedece à lei de natureza.

---

[1] Capítulo correspondente ao Capítulo IV da Parte I do *De corpore politico;* seu objeto é também tratado no Capítulo III ("Das outras leis de natureza") da Parte I ("Liberdade") do tratado *Do cidadão*, e no Capítulo XV ("De outras leis de natureza") da Parte I ("Do homem") do *Leviatã*. (NT)

1. A questão de qual é o melhor dos homens é determinável apenas no estado civil e político, embora seja errônea enquanto uma questão de natureza, não apenas para os homens ignorantes, que pensam que o sangue de um homem é por natureza melhor do que o de outro, mas também para aqueles cujas opiniões são atualmente, e nestas partes, de autoridade maior do que quaisquer outros escritos humanos. Afinal aquele que põe muita diferença entre as potências dos homens por natureza, que ele duvida não assentar como o fundamento de toda a sua política, que alguns homens são por natureza mais dignos para governar, enquanto outros por natureza têm a obrigação de servir. Esta fundação não tem apenas enfraquecido a inteira organização de sua política, mas também tem dado aos homens compleição e pretextos por onde perturbam e obstruem a paz de outrem. Pois embora houvesse aí alguma diferença de natureza, aquele senhor e seu servo não o eram por acordo entre os homens, mas por uma virtude inerente. Ainda que tenha aquela eminência de virtude, sobre os demais, e que seja tão estulto, a ponto de não governar a si próprio, jamais deverá haver um acordo entre os homens que faz cada um naturalmente pensar a si mesmo como capaz, de qualquer maneira, de governar outrem, assim como de outrem governá-lo. E quando houvesse alguma disputa entre o juízo mais requintado e o mais corrente (como tem havido muitas vezes em tempos de sedição e guerra civil) para a maioria, esta posteriormente levou a vitória a cabo; e já que os homens arrogam a si mesmos mais honra do que concedem aos demais, não é possível imaginar de que maneira eles podem possivelmente viver em paz. Conseqüentemente, devemos supor que por uma causa pacífica a natureza ordenou esta lei, *Que todo homem reconheça o outro como seu igual*. E a quebra desta lei é o que nós chamamos *orgulho* (*pride*).

2. Assim como era necessário que um homem não preservasse o seu direito a todas as coisas, da mesma forma era preciso que ele pudesse preservar o seu direito a alguma coisa. Ao seu próprio corpo, por exemplo, o direito de defesa, o qual ele não pode transferir. Para o uso do fogo, da água, do ar livre, de um lugar onde viver, e a todas as coisas necessárias à vida. Nem faz a lei de natureza comandar qualquer renúncia a outros direitos, do que aqueles apenas que não podem ser preservados sem a perda da paz. Visto que muitos direitos são retidos, quando entramos na paz uns com os outros, a razão e a lei de natureza ditam: *Qualquer que*

seja o direito que algum homem exige preservar, ele permite a todos os outros homens que também o mantenham. Pois aquele que assim não faz, não possibilita a igualdade mencionada na seção anterior. Afinal, não existe reconhecimento de valor sem atribuição da igualdade de benefício e respeito. E essa permissão de *aequalia aequalibus,* é a mesma coisa que a permissão de *proportionalia proportionalibus,* pois quando um homem permite a todo homem da mesma maneira, a permissão que ele concede será na mesma proporção em que for o grupo de homens a quem ela é feita. E é isso que os homens querem dizer por justiça distributiva, o que propriamente recebe o nome de *eqüidade* (*equity*). A quebra da lei é aquilo a que os gregos chamam *Pleonexía,* que é comumente traduzida por *cobiça* (*covetousness*), mas parece ser mais precisamente expressa pela palavra *transgressão* (*encroaching*).

3. Se não se passa aí nenhuma outra convenção, a lei de natureza é *Que todas aquelas coisas que não podem ser divididas sejam usadas em comum, proporcionalmente ao número daqueles que devem usá-las, ou sem limitação quando aquelas coisas estiverem em quantidade suficiente.* Em primeiro lugar, se supusermos que a coisa a ser usada em comum não é suficiente para aqueles que devem usá-la sem limitação, se uns poucos tiverem de fazer mais uso da coisa do que os demais, não será observada aquela igualdade que foi requerida na segunda seção. E isso deve ser compreendido como todas as demais leis de natureza, sem qualquer outra convenção antecedente. Afinal, um homem pode ter se desfeito do seu direito ao comum, e assim o caso se altera.

4. Naquelas coisas que sequer podem ser divididas, nem podem ser usadas em comum, a regra de natureza tem de ser uma dentre estas duas: do uso mediante sorteio, ou do uso alternado. Pois ao lado destas duas maneiras, nenhuma outra igualdade pode ser imaginada. Por uso alternado, tem vantagem aquele que usa primeiro; e para reduzir esta vantagem à igualdade, não há outro caminho além do sorteio. Portanto, nas coisas indivisíveis e incomunicáveis, é uma lei de natureza *Que o uso seja alternado, ou seja a vantagem conferida mediante sorteio.* Porque não existe outro meio de igualdade. E a igualdade é a lei de natureza.

5. Existem duas espécies de sorteio. Uma é arbitrária, feita pelos homens e comumente conhecida pelos nomes de sorte, acaso, azar e outros afins. E existe o sorteio natural, tal como a primogenitura, que nada

mais é do que o acaso, ou sorte, de ter nascido primeiro, o que parece ser considerado aquilo a que se dá o nome de *cleronomia,* que significa distribuição por sorteio. Em segundo lugar, *prima occupatio,* posse primeira, ou descoberta de uma coisa da qual nenhum homem fez uso até então, o que para a maioria também nada mais é do que acaso.

6. Embora os homens concordem quanto a estas leis de natureza e se empenhem em observá-las, ainda assim, se considerarmos as paixões dos homens, que tornam difícil compreender por quais ações e circunstâncias das ações aquelas leis são desobedecidas, é necessário que surjam muitas grandes controvérsias acerca da sua interpretação, pelas quais a paz deverá ser dissolvida e os homens retornarão novamente ao seu anterior estado de hostilidade. Para o abandono de tais controvérsias, é necessário que exista algum árbitro ou juiz comum, cuja sentença ambas as partes em controvérsia deverão acolher. Portanto, é uma lei de natureza *Que em todas as controvérsias, as suas partes sejam obrigadas mutuamente a concordar com um árbitro, em quem elas confiam; e a mutuamente convencionar que acolhem a sentença que o árbitro lhes deu.* Pois onde todo homem é o seu próprio juiz, aí não existe propriamente um juiz. Assim como onde todo homem entalha o seu próprio direito, ele tem o mesmo efeito, como se não existisse direito. E onde não existe juiz, não existe fim para as controvérsias. E, portanto, o direito de hostilidade permanece.

7. Portanto, um *árbitro* (*arbitrator*) ou aquele que é juiz, é confiado pelas partes em alguma controvérsia, para decidi-la através da declaração do seu próprio julgamento acerca dela. Fora disso se segue, em primeiro lugar, que o juiz não é obrigado a se envolver (*to be concerned*) pela controvérsia a que põe um fim, pois neste caso ele seria uma parte, e por essa razão seria obrigado a ser julgado por outrem. Em segundo lugar, que ele não celebra convenção com qualquer das partes, mas pronuncia uma sentença em favor de uma delas, mais do que da outra. Nem resolve a convenção de tal maneira que a sua sentença deva ser justa, pois isso faria as partes juízes da sentença, pelo que a controvérsia ainda permaneceria indecidida. Não obstante a verdade repouse no juiz, e pela igualdade que a lei de natureza requer que ele considere nas partes, ele viola aquela lei se, por favor ou ódio a alguma das partes, apresenta uma sentença diferente daquela que ele considera ser a justa. Em terceiro lugar, que nenhum homem é obrigado a fazer de si mesmo juiz em

qualquer controvérsia entre outrem, a menos que estes consistam e concordem com a coisa.

8. É também uma lei de natureza *Que nenhum homem imponha ou force sua recomendação ou conselho para qualquer homem, que declara a si mesmo relutante em dar-lhe ouvidos*. Pois visto que um homem recebe um conselho acerca do que é bom ou prejudicial para ele apenas, e não para quem o está aconselhando, e que o conselho é uma ação voluntária, e portanto tende ainda ao bem do conselheiro, muitas vezes pode ser de justa causa suspeitar do conselheiro. E ainda que não haja nenhum, considerando ainda que o conselho é recebido com má vontade, é uma ofensa desnecessária para ele, que não está disposto a ouvir, e todas as ofensas tendem a quebrar a paz e, portanto, é contra a lei de natureza tentar se impor.

9. Um homem que deverá ver estas leis de natureza assentadas e deduzidas com tantas palavras e tanta cerimônia pode pensar que existe ainda muita dificuldade e sutileza sendo requerida para o reconhecimento e acordo das mencionadas leis em cada situação que aparecer, quando um homem tiver entretanto pouco tempo para considerar. E enquanto consideramos o homem na maioria das suas paixões, como a ira, a ambição, a cobiça, a vã glória, e outras afins, é verdade que ele tenderá a excluir a igualdade natural. Mas sem estas paixões existe uma regra fácil para saber, de imediato, se a minha ação é justa ou não, qualquer que seja ela. É esta, pois, *Que um homem imagine a si mesmo no lugar da parte com quem trata e, reciprocamente, imagine esta no seu lugar*. O que nada mais é do que uma troca, tal como entre duas balanças. Pois a paixão de cada homem tem um peso maior na sua própria balança, mas não na balança do seu vizinho. E esta regra é muito bem conhecida e expressa neste velho ditado, *Quod tibi fieri non vis, alteri ne feceris.*[2]

10. Estas leis de natureza, cuja síntese consiste em nos proibir de sermos os nossos próprios juízes e nossos próprios corretores, e em nos comandarmos para conciliar uns com os outros, no caso em que isso devesse ser observado por alguns, mas não por outros, faria os observadores antes uma presa para aqueles que os negligenciaram, deixando o bom tanto sem defesa contra o mau, e também com a tarefa de assisti-lo. O

---

[2] "Não faças a outrem o que não quiseres que te façam." (NT)

que vai contra o objetivo das leis mencionadas, que são feitas apenas para a proteção e defesa daqueles que as mantêm. A razão, portanto, e a lei de natureza à frente e acima de todas aquelas leis particulares, dita esta lei geral, *Que aquelas leis particulares sejam por enquanto observadas, como se não nos sujeitassem a qualquer incômodo que venha a surgir no nosso próprio juízo, causado pela negligência que constatarmos nestas leis com respeito à lei de natureza.* Conseqüentemente, requer nada mais do que o desejo e a constante intenção de se empenhar e se preparar para observá-las, a menos que não exista causa em contrário na recusa dos outros homens em observá-las com relação a nós. A força, portanto, da lei de natureza, não está *in foro externo,* até que haja nos homens segurança para obedecê-la, mas está sempre *in foro interno,* no qual a ação da obediência sendo arriscada, a vontade e prontidão de aplicá-la se confundem com a aplicação.

11. Entre as leis de natureza, não se enumeram costumes ou prescrições. Pois qualquer ação que seja contra a razão, por mais que ela seja reiterada ou que haja precedentes para ela, será sempre contra a razão e, portanto, não será uma lei de natureza, mas uma lei contrária a ela. Porém, um acordo ou uma convenção podem de tal maneira alterar os casos – pela mudança das circunstâncias – nos quais se insere a lei de natureza, que aquilo que antes era racional pode posteriormente virar contra a razão, enquanto a lei continua racional. Pois embora todo homem seja obrigado a conceder a igualdade a outrem, ainda que este outro encontre uma causa para renunciar a fazer o mesmo e torne a si mesmo inferior, então, se daí por diante ele considerá-lo como inferior, não estará com isto quebrando aquela lei de natureza que ordena a admissão da igualdade. Em suma, *o próprio consentimento de um homem pode privá-lo da liberdade que a lei de natureza lhe permite, mas o costume não.* Nem pode qualquer um deles abolir qualquer uma destas ou qualquer outra lei de natureza.

12. E visto que a lei, falando propriamente, é um comando, e estes ditames, por procederem da natureza, não são comandos, só podem portanto ser chamados de leis não no que respeita à natureza, mas no que respeita ao autor da natureza, Deus Todo-Poderoso.

13. E visto que as leis de natureza dizem respeito à consciência, elas são violadas não apenas por aqueles que realizam uma ação contrária a elas, mas também por aqueles cujas ações lhes são conformes a elas en-

quanto que o seu pensamento lhes é contrário. Pois embora ocorra de a ação ser *correta* (*right*), em seu juízo, porém, ele menospreza a lei.

14. Todo homem, pela paixão natural, chama de bom o que lhe agrada para o presente, e à medida que o antevê. De maneira semelhante, àquilo que lhe desagrada, ele chama de mau. Portanto, aquele que antevê o caminho todo para sua preservação, a qual é a finalidade que cada um por sua natureza deseja, deve também ser chamado de bom, e o seu contrário, de mau. É nisso que consistem o bom e o ruim, que não são assim chamados em cada homem por sua paixão, mas sim pela razão. E portanto, o cumprimento de todas aquelas leis é bom para a razão, ao passo que a sua violação é ruim. Do mesmo modo, o hábito, ou disposição, ou intenção de praticá-las são bons; mas ignorá-las é ruim. Daí decorre aquela distinção entre a *malum panae* e a *malum culpae,* em que a *malum panae* é um sofrimento ou incômodo qualquer da mente, enquanto a *malum culpae* é aquela ação que é contrária à razão e à lei de natureza. Da mesma forma, o hábito de agir de acordo com estas e outras leis de natureza, que tendem à nossa preservação, é o que nós chamamos *virtude* (*virtue*); e o hábito de fazer o contrário, *vício* (*vice*). Por exemplo, a justiça é aquele hábito pelo qual somos fiéis às convenções, e a injustiça é o vício contrário; a eqüidade é aquele hábito pelo qual concedemos a igualdade de natureza, e a arrogância é seu vício contrário; a gratidão é o hábito pelo qual retribuímos o benefício e a confiança de outrem, e a ingratidão é o seu vício contrário; a temperança é o hábito pelo qual nos abstemos de todas as coisas que tendem à nossa destruição, e a intemperança é o vício contrário; a prudência é o mesmo que a virtude em geral. No tocante à opinião comum de que a virtude consiste numa mediocridade e o vício em extremos, não vejo nisso fundamento algum, nem encontro aí qualquer mediocridade. A coragem pode ser uma virtude, quando a ousadia é extrema, se a causa é boa, e o medo extremo não é vício quando o perigo é extremo. Dar a um homem mais do que o seu devido não é injustiça, embora o seja quando lhe é entregue menos. E nas oferendas não é o total que faz a liberalidade, mas a razão. E da mesma forma com todas as outras virtudes e vícios. Eu sei que essa doutrina da mediocridade é aristotélica, mas as suas opiniões acerca das virtudes e dos vícios não passam daquelas que foram então recebidas, e ainda o são pela maioria dos homens não estudados, que por isso não são capazes de ser acurados.

15. A síntese da virtude consiste em ser sociável com aqueles que forem sociáveis, e em ser intimidante (*formidable*) para aqueles que não o forem. E é esta mesma a síntese da lei de natureza. Afinal, ao sermos sociáveis, a lei de natureza tem lugar por intermédio da paz e da sociedade; quanto a sermos intimidantes, esta é a lei de natureza na guerra, onde ser temido é uma proteção que o homem adquire a partir da sua própria potência. E assim como a primeira consiste em atos de eqüidade e justiça, a última consiste em atos da honra. Eqüidade, justiça, honra, todas elas contêm virtudes.

ELEMENTOS DA LEI NATURAL E POLÍTICA
PARTE I, CAPÍTULO XVIII
OU DO CORPO POLÍTICO
PARTE I, CAPÍTULO V

Uma confirmação do mesmo tirada da Palavra de Deus[1]

Uma confirmação, tirada das Sagradas Escrituras, dos principais pontos mencionados nos dois últimos Capítulos acerca da Lei de natureza.

1. As leis mencionadas nos capítulos anteriores são chamadas leis de natureza, por serem ditadas da razão natural, e também leis morais, porque dizem respeito às maneiras e à convivência dos homens uns com os outros. Da mesma forma, elas são também leis divinas, em consideração ao autor daquelas, Deus Todo-Poderoso; e devem portanto concordar ou, pelo menos, não repugnar a palavra de Deus revelada na Santa Escritura. Neste capítulo, portanto, eu levantarei certas citações da Escritura, que parecem estar em consonância com as ditas leis.

2. Em primeiro lugar, a palavra de Deus parece localizar a lei divina na razão, em todos aqueles textos que atribuem a mesma coisa ao coração e ao entendimento. Como no Salmo 40, v. 8: *A tua lei está dentro do meu coração;* na Epístola aos Hebreus, cap. 8, v. 10: *Depois daqueles dias,*

---

[1] Capítulo correspondente ao Capítulo V da Parte I do *De corpore politico;* seu objeto é também tratado no Capítulo IV ("Que a lei de natureza é lei divina") da Parte I ("Liberdade") do tratado *Do cidadão*. (NT)

diz o Senhor, porei as minhas leis no seu entendimento; e Hebreus, cap. 10, v. 16, que diz o mesmo.[2] No Salmo 37, v. 31, falando do homem justo, ele diz: *A lei do Senhor está no seu coração.* Salmo, cap. 19, vv. 7-8: *A lei do Senhor é perfeita, e refrigera a alma. Ela dá sabedoria aos símplices, e alumia os olhos.* Jeremias, cap. 31, v. 33: *Porei a minha lei no seu interior, e a escreverei no seu coração.* E no evangelho de João, o próprio legislador, Deus Todo-Poderoso, recebe o nome de *Logos*, que também é chamado, no v. 4, de *A luz dos homens;* e, no v. 9, de *A luz que alumia a todo o homem que vem ao mundo.* Todas estas são descrições da razão natural.

3. E que a lei divina, tanto quanto é uma lei moral, são aqueles princípios que tendem à paz, parece estar bem confirmado em certos lugares da Escritura, como estes: Romanos, cap. 3, v. 17, a *justiça (righteousness)* enquanto efetivação da lei, é chamada *O caminho da paz.* No Salmo 85, v. 10: *A justiça e a paz se beijaram.* Em Mateus, cap. 5, v. 9: *Bem-aventurados os pacificadores.* Em Hebreus, cap. 7, v. 2: *Melquisedeque, rei de Salém*, é visto como *rei de justiça*, e *rei de paz*. E no v. 21, é dito que nosso Salvador, o Cristo, é sacerdote *eternamente, segundo a ordem de Melquisedeque.* Do que se pode inferir que a doutrina de Cristo, nosso Salvador, envolve o cumprimento da lei em favor da paz.

4. Que a lei de natureza é inalterável, fica insinuado pelo sacerdócio de Melquisedeque ser eterno; e pelas palavras de nosso Salvador (Mateus, cap. 5, v. 18): *Até que o céu e a terra passem, nem um jota ou um til se omitirá da lei, sem que tudo seja cumprido.*

5. Que os homens devem ser fiéis às suas convenções, é o que diz o Salmo 15, v. 1, onde se coloca a questão: *Senhor, quem habitará no teu tabernáculo?*, etc. No v. 4, vem a resposta: *Aquele que, mesmo que jure como dano seu, não muda.* E que os homens devem se contentar se não se der convenção, diz o Deuteronômio, cap. 25, v. 4: *Não atarás a boca ao boi, quando trilhar,* que são Paulo (1 Coríntios, cap. 9, v. 9) interpreta como não se tratando de bois, mas de homens.[3]

6. Que os homens se contentem entre si com igualdade, assim como este é o fundamento da lei natural, é também o da segunda tábua, a da lei

---

[2] Eis a citação: *Porei as minhas leis em seus corações, e as escreverei em seu entendimento.* (NT)

[3] Eis a citação: *Porque na lei de Moisés está escrito: Não atarás a boca ao boi que trilha o grão. Porventura tem Deus cuidado dos bois?* (NT)

divina (Mateus, cap. 22, vv. 39-40): *Amarás o teu próximo como a ti mesmo. Destes dois mandamentos depende toda a lei e os profetas.*[4] Isso não deve ser entendido no sentido de que um homem deva considerar o benefício do seu vizinho tanto quanto o seu próprio, ou que deva dividir os seus bens entre os seus vizinhos, e sim que ele deve estimar o seu vizinho como merecedor de todos os direitos e privilégios que ele mesmo usufrui, assim como deve atribuir ao vizinho tudo o que entender que deve ser atribuído a ele próprio. Isso nada mais é do que ele dever ser humilde, suave e satisfeito com a igualdade.

7. Também que, na distribuição de direitos entre os iguais, tal distribuição deve ser feita de acordo com as proporções dos números, o que significa a doação de *aequalia aequalibus,* e *proportionalia proportionalibus.* Em Números, cap. 26, vv. 53-54, temos o mandamento de Deus a Moisés: *A estes se repartirá a terra em herança, segundo o número dos nomes. Aos muitos multiplicarás a sua herança, e aos poucos diminuirá a sua herança; a cada qual se dará a sua herança, segundo os que foram deles contados.* Que a decisão por sorteio é um instrumento de paz (Provérbios, cap. 18, v. 18): *A sorte faz cessar os pleitos, e faz separação entre os poderosos.*

8. Não se questiona que a conciliação e o perdão de um ao outro, postos outrora pelas leis de natureza, são também uma lei divina, pois que são a essência da caridade, que é o escopo da lei inteira. Que nós não devemos nos provar ou repreender uns aos outros é a doutrina do nosso Salvador (Mateus, cap. 7, v. 1): *Não julgueis, para que não sejais julgados.* No v. 3: *E por que reparas tu no argueiro que está no olho do teu irmão, e não vês a trave que está no teu olho?* Também a lei que nos proíbe de forçar o nosso conselho sobre outros além daqueles que a admitem é uma lei divina. Pois desde que a nossa caridade e desejo de retificar são rejeitados, forçá-los mais além é repreender e condenar, o que é proibido tanto pelo texto antes citado, como em Romanos, cap. 14, vv. 12-13: *De maneira que cada um de nós dará conta de si mesmo a Deus. Assim que não nos julguemos mais uns aos outros; antes seja o vosso propósito não por tropeço ou escândalo ao irmão.*

9. Além disso, o comando dos homens acerca da lei de natureza, *Quod tibi fieri non vis, alteri ne feceris,* é confirmado pelo mesmo, em

---

[4] O outro mandamento, expresso no v. 37, é *Amarás teu Deus de todo o teu coração, e de toda a tua alma, e de todo teu pensamento.* (NT)

Mateus, cap. 7, v. 12: *Portanto, tudo o que vós quereis que os homens vos façam, fazei-lho também vós, porque esta é a lei e os profetas.* E Romanos, cap. 2, v. 1: *Portanto, és inescusável quando julgas, ó homem, quem quer que sejas, porque te condenas a ti mesmo naquilo em que julgas a outro, etc.*

10. Também fica claro pela Escrituras que estas leis dizem respeito apenas ao tribunal da nossa consciência, e que as ações contrárias a elas serão punidas por ninguém menos que Deus Todo-Poderoso, à medida que procedem da negligência ou desprezo. E primeiramente, aquelas que são feitas para a consciência, como se vê em Mateus, cap. 5, v. 20[5]: *Se a vossa justiça não exceder a dos escribas e fariseus, de modo nenhum entrareis no reino dos céus.* Agora, os fariseus eram os mais exatos entre os judeus no cumprimento exterior; eles, portanto, deviam desejar a sinceridade de consciência; além disso, não poderia o nosso Salvador ter requerido uma justiça maior do que a deles. Pela mesma razão, Cristo, nosso Salvador, disse (Lucas, cap. 18, v. 14): *O publicano desceu justificado para sua casa, e não o fariseu.* E Cristo disse (Mateus, cap. 11, v. 30): *O meu jugo é suave e o meu fardo é leve.* O que procede disso é que Cristo deseja nada mais do que o nosso máximo empenho. Em Romanos cap. 14, v. 23: *Aquele que tem dúvidas, se come está condenado.* E em inumeráveis lugares tanto no Antigo quanto no Novo Testamento, Deus Todo-Poderoso declara que toma a vontade pela obra, tanto nas boas quanto nas más ações. Por tudo isso fica bem evidente que a lei divina é ditada pela consciência. Por outro lado, não é menos evidente que as tantas ações hediondas que de uma forma ou de outra um homem cometer dentro de sua fraqueza, ele contudo deverá – se vier a condená-las dentro de sua própria consciência – ser libertado das punições atribuíveis a cada uma daquelas ações. Afinal, *A qualquer tempo que um pecador se arrependa dos seus pecados no fundo do seu coração, apagarei da minha lembrança todas as suas iniqüidades, disse o Senhor.*

11. No que respeita à vingança, que segundo a lei de natureza não tem como finalidade um deleite presente – como eu disse no capítulo III, seção 10 –, mas um ganho futuro, surge uma certa dificuldade, como se a mesma não concordasse com a lei divina, contra a qual estaria objetando pela continuidade das punições após o dia do Juízo, quando não existiria lugar nem para correções, nem para exemplos. Essa objeção teria apresen-

---

[5] No texto de Hobbes, só há indicação do versículo. (NT)

tado alguma força, se essa punição tivesse sido ordenada após a passagem de todos os sinais. Mas considerando que a punição foi instituída antes do pecado, ela serve para o benefício da humanidade, porque mantém os homens em convivência pacífica e virtuosa, graças ao terror. E portanto essa vingança é dirigida ao futuro apenas.

12. Finalmente, não existe lei de razão natural que possa estar contra a lei divina. Pois Deus Todo-Poderoso deu a razão ao homem para que ela fosse uma luz para ele. E eu espero que não seja uma impiedade pensar que Deus Todo-Poderoso pedirá um relato estrito disso, no dia do Juízo, assim como das instruções que deveríamos ter seguido aqui em nossa peregrinação, não obstante a oposição e as afrontas dos sobrenaturalistas hoje em dia, para a convivência racional e moral.

ELEMENTOS DA LEI NATURAL E POLÍTICA
PARTE I, CAPÍTULO XIX
OU DO CORPO POLÍTICO
PARTE I, CAPÍTULO VI

Da necessidade e definição de um corpo político[1]

1. Que os homens, não obstante suas leis, ainda se encontram no estado de guerra, até que se sintam seguros uns com relação aos outros. 2. A lei de natureza na guerra não é nada mais que a honra. 3. Não há segurança sem a concordância de muitos. 4. Que a concórdia não pode ser mantida sem um poder que mantenha a todos em respeito. 5. A causa pela qual a concórdia é mantida numa multidão de algumas criaturas irracionais, e não de homens. 6. Que a união é necessária para que se mantenha a concórdia. 7. Como a união é feita. 8. Definição de corpo político. 9. Definição de corporação. 10. Definições de soberano e de súdito. 11. Dois tipos de corpo político, o patrimonial e a república.

1. No capítulo XII, seção 16, foi mostrado que as opiniões que os homens têm das recompensas e castigos que se seguem de suas ações são a causa que produz e governa a vontade para aquelas ações. Neste estado do

---

[1] Capítulo correspondente ao Capítulo VI da Parte I do *De corpore politico;* seu objeto é também tratado no Capítulo I ("Das causas da origem primeira do governo civil") da Parte II ("Domínio") do tratado *Do cidadão*, e no Capítulo XVII ("Das causas, geração e definição de uma república") da Parte II ("Da república") do *Leviatã*. (NT)

homem, portanto, no qual todos os homens são iguais, e todo homem se permite ser o seu próprio juiz, os temores que eles têm uns dos outros são iguais, e as esperanças de cada homem consistem em sua própria destreza e força. Conseqüentemente, quando algum homem, por essa paixão natural, é provocado a violar aquelas leis de natureza, não há em qualquer outro homem segurança de sua própria defesa senão por antecipação. Por essa razão, o direito de todo homem, por mais que pareça bom a seus olhos, ainda permanece com ele enquanto um meio necessário à sua preservação. Portanto, até que haja segurança entre os homens para que cada um mantenha em relação ao outro a lei de natureza, os homens estão ainda no estado de guerra, e nada é ilegítimo a qualquer homem que se incline à sua própria segurança ou comodidade. E esta segurança e comodidade consistem no auxílio e ajuda mútua de um em relação ao outro, de onde se segue também um medo recíproco de um com relação ao outro.

2. É um dito proverbial que *inter arma silent leges*. É pouco o que pode, portanto, ser dito acerca das leis que os homens devem observar uns com os outros em tempo de guerra, no qual o ser e o bem-estar de cada homem são a regra para as suas ações. Ainda isso é o quanto a lei de natureza comanda na guerra, que os homens saciem não a crueldade de suas paixões presentes, pelas quais em sua própria consciência eles não antevêem nenhum benefício futuro. Pois isso não revela uma necessidade, mas uma disposição da mente para a guerra, o que vai contra a lei de natureza. E dos antigos tempos nós lemos que a pilhagem era uma ocupação vital, na qual contudo muitos dentre os que a praticavam não apenas poupavam as vidas daqueles de quem se apoderavam, como deixavam-lhes também algumas coisas que eram necessárias para preservar aquelas vidas que lhes haviam sido dadas; a saber, seus bois e instrumentos para a lavoura, enquanto que levavam consigo todo o gado e recursos restantes. E assim como a própria pilhagem era garantida pela lei de natureza, por causa da falta de segurança em vez de se preservarem a si mesmos, da mesma forma o exercício da crueldade era proibido pela mesma lei de natureza, salvo se o medo sugerisse alguma coisa diferente. Pois nada, além do medo, pode justificar que se retire a vida de outrem. E porque o medo pode dificilmente se tornar manifesto, senão por alguma razão desonrosa, que revele a própria fraqueza da consciência de alguém, todos

os homens, nos quais a paixão da coragem ou magnanimidade tem sido predominante, serão privados da crueldade. De tal maneira que, embora não exista lei na guerra, a violação da lei é uma injúria, assim como existem na guerra aquelas leis cuja violação é uma desonra. Em uma palavra, portanto, a única lei das ações na guerra é a honra; e o direito de guerra, é providência.

3. E visto que o auxílio natural é necessário para a defesa, assim como o medo recíproco é necessário para a paz, devemos considerar quantos grandes auxílios são requeridos para essa defesa e para a produção desse medo recíproco, como se os homens não pudessem se aventurar facilmente uns com os outros. Em primeiro lugar, é evidente que o auxílio natural de dois ou três homens traz muito pouca segurança. Afinal, o excedente de um homem ou dois no outro lado dá coragem suficiente para um assalto. Portanto, antes que os homens tenham segurança suficiente no auxílio de um ao outro, o seu número deve ser tão grande que o excedente de uns poucos que venha a haver no inimigo constitua vantagem incerta e imperceptível.

4. Supondo quão grande seja um grupo de homens reunidos em favor de sua defesa mútua, assim não deverá seguir-se o efeito, a menos que todos eles dirijam suas ações para um e o mesmo fim. Esta direção para um e o mesmo fim, no capítulo XII, seção 7, foi chamado consenso. Este consenso, ou concórdia, entre tantos homens, embora possa ser feito graças ao medo de um invasor presente, ou graças à esperança de uma conquista ou pilhagem presente – e perdure tanto quanto aquela ação perdurar –, contudo, por causa da diversidade de julgamentos e paixões em tantos homens disputando naturalmente pela honra e pelo privilégio de uns sobre os outros, é impossível não apenas o seu consentimento a cada um auxiliar o outro contra um inimigo, mas também que a paz possa ser alcançada entre eles mesmos, sem que haja algum medo mútuo e comum de se governarem.

5. Porém, contra isto é possível objetar a experiência que temos de certas criaturas irracionais vivas, que contudo vivem continuamente em uma espécie de boa ordem e governo para seu benefício comum, e são tão livres da sedição e da guerra entre eles mesmos que nada mais pode ser imaginável para a paz, o lucro e a defesa. E a experiência que temos disto existe naquela pequena criatura, a abelha, que é portanto estimada entre

os *animalia politica*. Por que, pois, não podem os homens, que perseguem os benefícios da concórdia, manter continuamente a mesma sem compulsão, tanto quanto as abelhas? Ao que eu respondo que, entre as outras criaturas vivas, não ocorre questão de precedência em suas próprias espécies, nem disputa pela honra, ou reconhecimento da sabedoria de outrem, como existe entre os homens, dos quais surgem a inveja e o ódio de uns pelos outros, e a partir destes, a sedição e guerra. Em segundo lugar, aquelas criaturas vivas buscam todas a paz e os mantimentos comuns a todas; os homens objetivam o domínio, a superioridade e a riqueza pessoal, que são distintas em cada homem e provocam a disputa. Em terceiro lugar, aquelas criaturas vivas que não possuem razão não possuem saber suficiente para inspecionar, ou para achar que inspecionam, alguma falha no governo; estão, portanto, contentes com ele. Mas numa multidão de homens, existem sempre alguns que pensam ser eles mesmos mais sábios do que os demais, e lutam para alterar aquilo que consideram incorreto, e diversos deles lutam para alterar diversos procedimentos, o que causa a guerra. Em quarto lugar, aquelas criaturas não possuem linguagem, e são portanto inábeis para instigar umas às outras à discórdia, a qual não falta aos homens. Em quinto lugar, aquelas criaturas não têm concepção de certo e errado, mas apenas de prazer e dor, e portanto também não se censuram umas às outras, nem ao seu comandante, como se estivessem todas à vontade; ao passo que os homens que fazem de si mesmos juízes do certo e do errado são os últimos a silenciar quando estão incomodados. Em último lugar, a concórdia natural, tal como existe no meio daquelas criaturas, é obra de Deus, pelo caminho da natureza, mas a concórdia entre os homens é artificial, e se dá pelo caminho da convenção. Portanto, não será espantoso se algumas criaturas irracionais, que governam a si mesmas em conjunto, fizerem isso com muito mais firmeza do que a humanidade, que o faz por instituição arbitrária.

6. Portanto, mantém-se ainda que o consenso, pelo qual eu entendo a concorrência da vontade de muitos homens para uma ação, não é segurança suficiente para a sua paz comum, sem que se levante algum poder comum, por cujo temor eles possam ser compelidos tanto a manter a paz entre eles quanto a reunir suas forças conjuntamente contra um inimigo comum. E que isso pode ser feito, não existe maneira imaginável, senão unicamente pela união, que é definida – no capítulo XII, seção 8 –

como sendo o envolvimento ou a inclusão das vontades de muitos na vontade de um homem, ou na vontade da maioria numa quantidade de homens, ou seja, na vontade de um homem, ou de um *conselho* (*council*). Pois um conselho nada mais é do que uma assembléia de homens deliberando acerca de alguma coisa que seja comum a eles todos.

7. A realização da união consiste nisso, que todo homem, pela convenção, obrigue a si mesmo a um e o mesmo homem, e a um e o mesmo conselho, por meio de quem todos são nomeados e determinados a fazer aquelas ações que o dito homem ou conselho deverá ordená-los a fazer e a não fazer, que ele ou eles deverão proibir, ou ordená-los a não fazer. E além disso, no caso de ser um conselho, cujos comandos eles convencionaram seguir, eles também convencionam que todo homem deverá abraçá-lo para o comando do conselho inteiro, que é o comando da maioria daqueles homens dos quais algum conselho é formado. E embora a vontade do homem não seja voluntária, mas seja o começo de ações voluntárias, ele não está sujeito à deliberação e à convenção; ainda quando um homem convenciona submeter sua vontade ao comando de outrem, ele obriga a si mesmo a renunciar de sua força e recursos em favor daquele a quem ele convencionou obedecer. E por isso aquele que comanda pode, pelo uso de todos os seus meios e força, habilitar-se pelo terror a moldar a vontade de todos aqueles pela unidade e a concórdia, entre eles mesmos.

8. Esta união feita dessa maneira, é o que os homens atualmente chamam de um *corpo político* (*body politic*), ou sociedade civil; e os gregos chamam isso de *pólis*, ou seja, uma cidade, que pode ser definida como sendo uma multidão de homens unida como uma pessoa por um poder comum, em favor da sua paz, defesa e benefício comum.

9. E assim como essa união em uma cidade ou corpo político é instituída com poder comum sobre todas as pessoas particulares, ou membros dela, pelo bem comum de todos, da mesma forma existe entre uma multidão daqueles membros instituída uma união subordinada de certos homens, para certas ações comuns a serem feitas por aqueles homens em favor de algum benefício comum para os outros, ou para a cidade inteira; assim como para o governo subordinado, para o conselho, para o comércio, e afins. E esses corpos políticos subordinados são usualmente chamados *corporações* (*corporations*), às quais foi concedido poder sobre os particulares de sua própria sociedade, assim como a cidade inteira, da qual elas são membros.

10. Em todas as cidades ou corpos políticos não subordinados, mas independentes, é que um homem ou um conselho, a quem os membros particulares deram o seu poder comum, é chamado seu soberano, e o seu poder, o poder soberano; este consiste no poder e na força que cada um dos membros transferiu a ele de si mesmo pela convenção. E porque é impossível para qualquer homem realmente transferir sua própria força a outrem, ou para aquele outro recebê-la, deve ser entendido que transferir o poder e a força de um homem nada mais é do que pôr de lado ou abandonar seu próprio direito de resistência àquele a quem ele foi transferido. E qualquer número do corpo político é chamado de *súdito* (*subject*), a saber, do soberano.

11. A causa em geral que move um homem a se tornar súdito de outro é (como eu já disse) o medo de não preservar a si mesmo por outros meios. E um homem pode se sujeitar àquele que o invade ou que pode invadi-lo por medo dele; ou os homens podem reunir-se entre si para se sujeitarem conforme podem concordar sobre seu medo dos outros. E quando muitos homens sujeitam a si mesmos do primeiro modo, então surge disso um corpo político, como se fosse natural. Disso procedem o domínio paternal e o despótico. E quando eles sujeitam a si mesmos pela outra via, pelo acordo mútuo entre muitos, o corpo político que eles realizam é, para a maioria, chamado de república (*commonwealth*), como distinção ao primeiro, embora este nome seja a designação geral para ambos. Eu falarei, antes do mais, da república e, depois, dos corpos políticos patrimonial e despótico.

ELEMENTOS DA LEI NATURAL E POLÍTICA
PARTE II, CAPÍTULO I
OU DO CORPO POLÍTICO
PARTE II, CAPÍTULO I

DOS REQUISITOS PARA A CONSTITUIÇÃO DE UMA REPÚBLICA[1]

1. Introdução. 2. Uma multidão, antes de sua união, não é uma pessoa, nem realiza qualquer ato a que todo particular não assinta expressamente. 3. O consentimento expresso de todo particular se requer antes de tudo para dar à maioria o direito de envolver o todo. 4. As uniões democrática, aristocrática e monárquica podem ser instituídas para sempre, ou por um tempo limitado. 5. Sem proteção os direitos individuais não são renunciados. 6. Convenções do governo, sem força coercitiva, não dão proteção. 7. O poder coercitivo consiste em não resistir àquele que tem o poder. 8. O gládio da guerra está na mesma mão em que está o gládio da justiça. 9. A decisão em todos os debates, tanto os judiciais como os deliberativos, é incorporada ao gládio. 10. Definição das leis civis; são elas incorporadas ao gládio. 11. A nomeação dos magistrados, etc. 12. O poder soberano inclui a imunidade. 13. Uma república hipotética onde as leis são

---

[1] Capítulo correspondente ao Capítulo I da Parte II do *De corpore politico;* seu objeto é também tratado nos Capítulos VI ("Do direito de quem detém o poder supremo na Cidade, seja um conselho, seja um único homem") e VII ("Dos três tipos de governo: democracia, aristocracia e monarquia") da Parte II ("Domínio") do tratado *Do cidadão*, e no Capítulo XVII ("Das causas, geração e definição de uma república") da Parte II ("Da república") do *Leviatã*. (NT)

feitas primeiro e a república depois. 14. Essa república derrubada. 15. Formas mistas de governo hipoteticamente soberanas. 16. Essas formas, derrubadas. 17. Sob o soberano, o governo misto tem lugar na administração da república. 18. Razão e experiência para provar a soberania absoluta em algum lugar em todas as repúblicas. 19. Algumas marcas principais, etc., da soberania.

1. Na parte deste tratado que já se publicou[2] foram esgotadas por completo as considerações sobre a potência natural e o estado natural do homem, a saber: nos onze primeiros capítulos, o entendimento e as paixões humanas, e como deles procedem suas ações. No décimo segundo capítulo, como os homens conhecem as idéias de outros homens. No último, em que condições elas são produzidas pelas paixões dos homens. No primeiro, segundo, terceiro, quarto e quinto capítulos da parte anterior deste tratado foi apresentado o estado a que os homens são dirigidos pelos ditames da razão, ou seja, quais são os principais preceitos da lei de natureza. E, finalmente, como uma multidão de pessoas naturais são unidas por meio de convenção numa pessoa civil, ou corpo político. Nesta parte, por conseguinte, será considerada a natureza de um corpo político e as leis deste, também chamadas leis civis. Visto que foi dito no último capítulo e na última seção da parte anterior que existem duas maneiras de se constituir um corpo político – uma, pela instituição arbitrária de muitos homens reunidos em conjunto, que é a criação saída do nada pelo engenho humano; a outra é por compulsão, que é como se aquele corpo tivesse sido gerado por uma força natural –, eu falarei em primeiro lugar dessa constituição de um corpo político, à medida que procede da reunião e consenso de uma multidão.

2. Devemos aqui considerar como uma multidão de homens unidos entre si num corpo político em prol de sua proteção, tanto de uns contra os outros, quanto contra os inimigos comuns, e isso por convenção; o conhecimento das convenções que eles precisam realizar depende do conhecimento das pessoas, e do conhecimento da sua finalidade. Em primeiro lugar, daquelas pessoas que são muitas e, todavia, não estão unidas: nenhuma ação feita numa multidão de pessoas tomadas em conjunto

---

[2] Hobbes se refere ao *Human nature,* seu tratado da *Natureza humana.* (NT)

pode ser atribuída à multidão, ou ser verdadeiramente chamada ação da multidão, exceto que a mão de cada homem e a vontade de cada homem (sem a exceção de nenhum) tenha concorrido para isso. Na multidão, embora as pessoas atuem juntas, mesmo assim elas nem sempre concorrem em seus desígnios. Pois mesmo nos momentos em que os homens estão em tumulto, embora um grupo no meio deles entre em acordo diante de um certo dano, e um outro grupo o faça diante de outro dano, mesmo assim, no conjunto, eles estão consigo mesmos dentro do estado de hostilidade, e não de paz; tal como aqueles judeus sediciosos sitiados em Jerusalém, que poderiam ter-se juntado contra o inimigo, mas pelejavam entre si. Portanto, quando alguém disser que um grupo de homens realizou alguma ação, deve-se entender com isso que cada homem em particular naquele número consentiu com a ação, e não, apenas, que a maioria o fez. Em segundo lugar, embora eles tenham se reunido com a intenção de se unirem entre si, eles ainda estão naquele estado no qual todo homem tem direito a todas as coisas, e, conseqüentemente – como foi dito no capítulo I, seção 10 –, num estado em que não usufruem nada. Portanto, entre eles, o *meum* e o *tuum* não encontram lugar.

3. A primeira coisa, pois, que eles fazem é que todos os homens consistam expressamente com alguma coisa, pelo que eles podem se aproximar dos seus fins, que não podem ser imaginados além deste: que eles aceitem as vontades da maioria em meio a todo o conjunto, ou as vontades da maioria em meio a um certo grupo de homens por eles apontados e nomeados; ou, finalmente, a vontade de algum homem que envolva e seja tomada pelas vontades de todos os homens. Feito isto, eles estão unidos e são um corpo político. E se a maior parte do conjunto inteiro deve envolver a vontade de todos os particulares, então diz-se que temos uma *democracia* (*democracy*), ou seja, um governo no qual a totalidade, ou quantos dela o quiserem, sendo reunidos conjuntamente, formam o soberano, e cada homem em particular um súdito. Se a maioria de um certo grupo de homens nomeados ou diferenciados dos demais deve envolver as vontades de cada um dos particulares, diz-se então que eles formam uma *oligarquia*, ou *aristocracia* (*oligarchy, or aristocracy*), sendo que estas duas palavras significam a mesma coisa, junto com as diversas paixões daqueles que as utilizam. Pois quando os homens estão no posto que querem, eles são chamados uma aristocracia ou, de outra forma, uma

oligarquia; pelo que eles, cuja maior parte declara as vontades de toda a multidão quando se reúnem, formam o soberano, e cada homem, respectivamente, um súdito. Por último, se o seu consenso é tal que a vontade de um homem vá se estender como vontade de todos, então esse governo ou união é chamado uma *monarquia* (*monarchy*); e aquele único homem, o soberano, e todos os demais, súditos.

4. E aquelas várias espécies de uniões, governos e sujeições da vontade humana podem ser entendidas como tendo sido criadas seja absolutamente (isto é, para todo o tempo futuro), seja apenas para um tempo limitado. Mas visto que assim como estamos falando aqui de um corpo político, instituído para o perpétuo benefício e defesa daqueles que o constituem, e, portanto, daquilo que os homens querem que dure para sempre, eu me absterei de falar daqueles que são temporários, para considerar aqueles que são para sempre.

5. O fim pelo qual um homem outorga ou transfere para outro, ou outros, o direito de proteger e defender a si mesmo por intermédio de sua própria capacidade, é a proteção que ele, através dessa transferência, espera para ser protegido e defendido daqueles a quem ele transferiu o direito. E um homem pode, então, considerar a si mesmo no estado de proteção, quando puder antever que nenhuma violência lhe será feita, em vez de seu agressor não ter como ser detido pelo poder daquele soberano, a quem cada um deles já se sujeitou. E sem essa proteção não existe razão para que um homem se prive das suas próprias vantagens e faça de si mesmo uma presa dos demais. Portanto, quando não existe algo como um poder soberano constituído, o qual proporcionaria esta proteção, deve-se entender com isso que o direito de todo homem a fazer qualquer coisa que pareça boa a seus olhos ainda permanece com ele; por outro lado, onde nenhum sujeito tem o direito, segundo seu próprio julgamento e discrição, a fazer uso da sua força, deve-se entender com isso que todos os homens têm o mesmo e, conseqüentemente, que não existe república estabelecida. Portanto, na construção de uma república, quanto mais os homens sujeitarem sua vontade ao poder de outrem, deve ser manifesto o seu fim, a saber, a proteção. Pois, qualquer coisa que seja necessário transferir por meio de convenção para que se atinja aquela, deve ser transferida ou, ainda, cada homem estará na sua liberdade natural de proteger a si mesmo.

6. As convenções acordadas por cada homem reunido em prol da construção de uma república, e postas por escrito sem o estabelecimento de um poder de coerção, não são proteção razoável para nenhum daqueles que assim convencionam, nem podem ser chamadas leis, deixando os homens ainda no estado de natureza e de hostilidade. Afinal, visto que as vontades da maior parte dos homens são governadas unicamente pelo medo, e onde não existe poder de coerção não existe medo, as vontades da maioria dos homens seguirão suas paixões de cobiça, luxúria, ira e afins, para a violação daquelas convenções, pelo que os demais, também, que diferentemente as manteriam, estão colocados em liberdade, e não possuem lei, senão para si próprios.

7. Esse poder de coerção – como foi dito no capítulo II, seção 3, da última parte – consiste na transferência do direito que cada homem tem de resistir àquele a quem se transferiu o poder de coerção. Portanto, segue-se que nenhum homem, em qualquer república que seja, tem o direito de resistir àquele, ou àqueles, a quem transferiu este poder coercitivo ou (como os homens costumam chamar) a espada da justiça, supondo possível a não resistência. Afinal – conforme a Parte I, cap. II, seção 18 –, as convenções obrigam unicamente dentro dos limites da nossa capacidade.

8. E visto que, assim como aqueles que estão em segurança consigo mesmos por intermédio desta espada da justiça, que mantém a todos em respeito, sem ela estão, contudo, sob o perigo de inimigos, se não forem encontrados meios que unam suas potências e forças naturais na resistência a certos inimigos, e com isso a paz entre eles terá sido em vão. Portanto, isso deve ser entendido como uma convenção de todos os membros contribuindo com suas diversas forças para a defesa do todo, por onde eles criam um poder tão suficiente quanto possível para a sua defesa. Agora, considerando que cada homem já transferiu o uso da sua força àquele, ou àqueles, que ostentam a espada da justiça, segue-se que o poder de defesa, isto é, a espada da guerra, esteja nas mesmas mãos nas quais está a espada da justiça; conseqüentemente, estas duas espadas não são senão uma, a qual é anexada ao poder soberano, inseparável e essencialmente.

9. Além disso, visto que possuir o direito da espada nada mais é do que ter o uso dela dependendo apenas do julgamento e discrição daquele ou daqueles que a detêm, segue-se que o poder de contrato em todas as controvérsias na quais a espada da justiça deve ser usada, e em todas as

deliberações que dizem respeito à guerra, nas quais o uso daquela espada é necessário, o direito de resolver e determinar o que deve ser feito pertence ao próprio soberano.

10. Ainda, considerando que não é menos, mas é muito mais necessário prevenir a violência e os ataques do que castigar os mesmos quando são cometidos, e que toda violência procede das controvérsias que surgem entre os homens no que diz respeito ao *meum* e ao *tuum*, ao certo e ao errado, ao bom e ao mau, e coisas afins, as quais cada um dos homens costuma medir segundo o seu próprio julgamento, pertence também ao julgamento do mesmo poder soberano publicar e tornar conhecida a medida comum pela qual todo homem deve saber o que é seu e o que é de outrem, o que é bom e o que é mau, o que ele está obrigado a fazer e o que não está, e ordenar que o mesmo seja observado. Estas medidas das ações dos súditos são aquelas que os homens chamam de *leis políticas* ou *civis* (*laws politic, or civil*). A elaboração destas deve, de direito, caber àquele que tem o poder da espada, pelo qual os homens são compelidos a observá-las, pois, de outra forma, elas teriam sido elaboradas em vão.

11. Ademais, visto que é impossível que qualquer homem que tem esse poder soberano seja capaz, em pessoa, de ouvir e solucionar todas as controvérsias, de estar presente em todas as deliberações acerca do bem comum, e de executar e cumprir todas as ações comuns a ela pertinentes, ainda há necessidade, por isso, de magistrados e ministros dos negócios públicos. Conseqüentemente, deve ser entendido que a indicação, nomeação e limitação dos mesmos é uma parte inseparável daquela soberania, à qual a essência de toda judicatura e execução já haviam sido anexadas.

12. E visto que, assim como o direito ao uso das forças de todos os membros particulares é transferido por eles mesmos ao soberano, qualquer homem poderá concluir por si mesmo que ao poder soberano, qualquer que seja, cabe ser impune.

13. A síntese destes direitos da soberania, a saber, o uso absoluto da espada na paz e na guerra, a elaboração e anulação das leis, a judicatura e a decisão supremas em todos os debates judiciais e deliberativos, a nomeação de todos os magistrados e ministros, com outros direitos contidos no mesmo, fazem com que o poder soberano seja não menos absoluto na república do que cada homem, antes da república, era absoluto em si mesmo para fazer ou não fazer aquilo que considerava benéfico. Estes

homens, que não experimentaram aquele estado miserável ao qual são reduzidos os homens numa guerra, acham muito difícil uma condição que eles não podem facilmente reconhecer como uma convenção e obrigação para ambas as partes, como foram aqui estabelecidas, por ter sido sempre necessária à sua paz. Portanto, alguns imaginaram que uma república pode ser constituída de maneira que o poder soberano pudesse ser tão limitado e moderado, que eles próprios pensaram em ajustá-la. Por exemplo: eles imaginaram uma multidão de homens entrando em acordo com respeito a certos preceitos, aos quais eles presentemente chamam leis, declarando como eles serão governados; feito isto, concordaram depois quanto a algum homem, ou grupo de homens, observar se os mesmos preceitos são cumpridos, e colocá-los em execução. Para habilitar aquele ou aqueles a isto, eles lhes entregam uma provisão limitada, como algumas terras, taxas, multas e coisas semelhantes, as quais, se desperdiçadas, não serão dadas novamente sem um novo consentimento daqueles homens que outrora as entregaram. E assim eles pensam que construíram uma república na qual é ilegítimo, para qualquer homem em particular, fazer uso da sua própria espada em prol da sua segurança. No que eles enganam a si próprios.

14. Em primeiro lugar, se com respeito às rendas, seguir-se necessariamente que são quantias formadas e obtidas pela vontade do seu proprietário, à medida que a renda for limitada, as quantias também o serão. Mas estas quantias, se limitadas diante do poder de um inimigo a quem nós não podemos limitar, são insuficientes. Quando, portanto, acontece uma cobrança maior do que aqueles valores são capazes de pagar, e não existe outro direito que permita arrecadar mais, então todo homem, pela necessidade da natureza, está livre para juntar a maior provisão que puder para si mesmo; e assim é a espada particular, e o estado de guerra a que novamente se reduz. Mas visto que as rendas, sem o direito de comandar os homens, não têm uso nem na paz nem na guerra, é necessário imaginar que aquele que tem a administração daqueles preceitos que foram supostos na última seção deve também ter direito a fazer uso das forças dos homens particulares. E qualquer que seja a razão que lhe dê aquele direito sobre alguém, ela também o dá sobre todos os demais. De modo que este é um direito absoluto. Pois aqueles que têm direito a todas as importâncias dos demais têm direito a dispor dessa quantia. Novamente, supondo

que aquelas quantias ou rendas fiquem limitadas pelo seu gasto necessário ou pelo gasto negligente e decaiam, e que para uma provisão a mesma multidão venha a se reunir novamente, quem terá o poder de reuni-la, isto é, obrigar que compareça em conjunto? Se ele pedir o suprimento a que tem direito, a saber, o direito de compelir a todos, então sua soberania será absoluta; se não o fizer, então cada homem particular está em liberdade para ir e vir; para modelar uma nova república ou não; e assim retornar ao direito da espada particular. Mas supondo-os reunidos voluntariamente e de seu próprio acordo para considerar a sua provisão, se estiver em sua escolha se eles a darão ou não, também está sob sua escolha se a república deverá permanecer ou não. E, portanto, não resta sobre nenhum deles qualquer obrigação que possa impedi-los de utilizar a força, no caso em que considerarem que é para a sua defesa. Esse projeto, portanto, daqueles que farão as leis civis em primeiro lugar, e só depois um corpo civil (como se a política fizesse um corpo político, e não um corpo político fizesse a política) não tem efeito algum.

15. Outros, para evitar a condição difícil – como a consideram – da sujeição absoluta, a qual, por odiá-la, eles também chamam de escravidão, arquitetaram um governo que, pelo que consideravam, misturava os três tipos de soberania. Por exemplo, eles imaginavam o poder de elaborar leis sendo atribuído a alguma grande assembléia democrática, o poder da judicatura a alguma outra assembléia, e a administração das leis a uma terceira, ou a algum homem sozinho. E a esta política eles chamam monarquia mista, ou aristocracia mista, ou democracia mista, conforme algum destes três tipos seja claramente predominante. Neste estado de governo, eles concebem como excluído, o uso da espada particular.

16. Supondo que fosse assim, como seria daí retirada aquela condição à qual eles denominam escravidão? Afinal, nesse estado, eles não poderiam permitir a nenhum homem que fosse o seu próprio juiz, ou o seu próprio corretor, ou que fizesse quaisquer leis para si mesmo. E uma vez que aquelas três estão de acordo, elas estão absolutamente sujeitas umas às outras, tal como um filho está ao pai, ou um escravo ao senhor, no estado de natureza. A eliminação, portanto, desta sujeição deve consistir no desacordo daqueles entre os quais foram distribuídos os direitos do poder soberano. Porém, este exato desacordo é a guerra. A divisão, portanto, da soberania não realiza efeito algum na supressão da simples sujeição ou

introduz a guerra, na qual a espada particular outra vez tem lugar. Mas a verdade é que – como já foi dito na sétima, oitava, nona, décima, décima-primeira, e décima-segunda precedentes seções – a soberania é indivisível. E aquela aparente mistura de diversos tipos de governo não é uma mistura das próprias coisas, mas uma confusão nos nossos entendimentos que não pode ser descoberta facilmente por aqueles a quem nós mesmos nos sujeitamos.

17. Mas embora a soberania não seja mista, mas seja sempre ou simples democracia, ou simples aristocracia, ou pura monarquia, na administração destas, contudo, aqueles três tipos de governo podem receber uma posição subordinada. Supondo que o poder soberano seja uma democracia, como algumas vezes foi em Roma, ainda sim ao mesmo tempo pode-se ter um conselho aristocrático, como era o senado; e ao mesmo tempo eles podem ter um monarca subordinado, como era o seu ditador, que durante algum tempo teve o exercício da soberania inteira, da mesma forma como todos os generais em guerra. Semelhantemente, na monarquia é possível haver um conselho aristocrático de homens, escolhidos pelo monarca; ou democrático de homens, escolhidos pelo consenso (sob a permissão do monarca) de todos os homens particulares da república. E essa mistura é a que se impõe como se fosse uma mistura de soberania. Pois se um homem considerasse – por causa de o grande conselho de Veneza normalmente não fazer nada além de escolher magistrados, ministros de Estado, capitães e governadores de cidades, embaixadores, conselheiros e afins – que, portanto, a sua parte da soberania é apenas a escolha de magistrados; e que a realização da guerra, da paz e das leis não cabe a ele, mas cabe àqueles conselheiros para isto indicados por ele. Visto que a este fazê-lo de forma subordinada, a autoridade aí suprema repousa no grande conselho que os escolheu.

18. E assim como a razão nos ensina que um homem, considerado fora da sujeição às leis e fora de todas as convenções que o obrigam com outrem, é livre para fazer e não fazer, e delibera tanto quanto lhe apraz, sendo cada membro obediente à vontade de todo o homem, esta liberdade sendo nada mais do que a sua potência natural, sem a qual ele não é melhor do que uma criatura inanimada, nem apto a auxiliar a si mesmo; da mesma forma a razão nos ensina que um corpo político, de qualquer tipo que seja, não estando sujeito a um outro nem obrigado por conven-

ções, tem a obrigação de ser livre e, em todas as ações, a ser assistido pelos membros, cada um em seu lugar ou, pelo menos, a não sofrer sua resistência, pois de outra forma o poder de um corpo político, cuja essência é a não resistência dos membros, seria nenhum, e nem o corpo político ofereceria qualquer benefício. E o mesmo é confirmado pelo costume de todas as nações e repúblicas, nas quais aquele homem ou conselho, que é virtualmente a totalidade, tem algum poder absoluto sobre cada membro particular; ou que nação ou república seria essa, se não tivesse poder e direito de constituir um general nas suas guerras? Mas o poder de um general é absoluto, e conseqüentemente havia poder absoluto na república de onde foi derivado o seu. Pois nenhuma pessoa, natural ou civil, pode transferir para uma outra mais poder do que ela própria possui.

19. Em toda república onde os homens são privados do seu direito de proteger a si próprios aí reside uma soberania absoluta, como eu já apresentei. Porém em qual homem, ou em qual assembléia de homens em que está aquele, não é evidente que são necessárias certas marcas pelas quais a soberania pode ser discernida? Em primeiro lugar, é uma marca infalível da soberania do homem, ou em uma assembléia de homens, se não existir direito em nenhuma outra pessoa natural ou civil, de punir aquele homem ou dissolver aquela assembléia. Pois aquele que não pode de direito ser punido, não pode de direito sofrer resistência; e aquele que não pode de direito sofrer resistência tem poder coercitivo sobre todos os demais, e com isto pode moldar e governar as ações daqueles ao seu bel-prazer, o que significa soberania absoluta. Ao contrário, aquele que numa república é punível por alguém, ou aquela assembléia que é dissolúvel, não é soberano. Pois, para que se puna e dissolva, requer-se sempre um poder maior que o daqueles que são punidos ou dissolvidos; e um poder não pode ser chamado soberano se existe um maior do que o dele. Em segundo lugar, aquele homem ou assembléia que, por seu próprio direito, não deriva do direito presente de algum outro, pode elaborar leis ou anulá-las ao seu bel-prazer, possui a soberania absoluta. Pois, visto que as leis que eles elaboram são supostamente elaboradas de direito, os membros da república para os quais aquelas são elaboradas têm a obrigação de obedecê-las e, conseqüentemente, não resistir à sua execução; esta não resistência constitui o poder absoluto daquele que os comanda. Da mesma forma, é uma marca dessa soberania ter o direito original de indicar ma-

gistrados, juízes, conselheiros e ministros de Estado. Pois sem aquele poder, não pode ser cumprido nenhum ato de soberania ou de governo. Em último lugar e em geral, quem quer que seja independente por sua própria autoridade, e puder realizar qualquer ato que um outro da mesma república não poderia, deve ser entendido como dispondo do poder soberano. Pois por natureza os homens têm direitos iguais. Sua desigualdade, portanto, deve proceder do poder da república. Assim, aquele que realiza qualquer ato legítimo por sua própria autoridade, que algum outro não pode realizar, o realiza pelo poder da república em si mesmo, que é a soberania absoluta.

ELEMENTOS DA LEI NATURAL E POLÍTICA
PARTE II, CAPÍTULO II
OU DO CORPO POLÍTICO
PARTE II, CAPÍTULO II

Dos três tipos de república[1]

1. A democracia precede todas as outras instituições de governo. 2. O povo soberano não pactua com os súditos. 3. Do povo soberano não se pode propriamente dizer que comete injúria aos súditos. 4. Os erros do povo soberano são os erros daqueles particulares por cujos votos passam seus decretos. 5. A democracia, com efeito, é uma aristocracia de oradores. 6. Como é feita a aristocracia. 7. Do corpo dos excelentes não se diz propriamente que comete injúria aos súditos. 8. A eleição dos excelentes cabe ao seu próprio corpo. 9. Um rei eleito é soberano não sobre a propriedade, mas no uso. 10. Um rei condicional é soberano não na propriedade, mas no uso. 11. A palavra povo é equívoca. 12. A obediência é desobrigada pela exclusão por parte do soberano. 13. Como algumas exclusões devem ser compreendidas. 14. A obediência é desobrigada pelo exílio. 15. Pela conquista. 16. Pela ignorância do direito de sucessão.

---

[1] Capítulo correspondente ao Capítulo II da Parte II do *De corpore politico;* seu objeto é também tratado no Capítulo VII ("Dos três tipos de governo: democracia, aristocracia e monarquia") da Parte II ("Domínio") do tratado *Do cidadão*, e no Capítulo XIX ("Das diversas espécies de governo por instituição, e da sucessão do poder soberano") da Parte II ("Da república") do *Leviatã*. (NT)

1. Tendo no último capítulo falado em geral acerca da política instituída, deverei neste falar dos seus tipos em especial, e quantos deles são instituídos. Destes três tipos, o primeiro na ordem do tempo é a democracia; deve ser um tipo necessário, portanto, porque uma aristocracia e uma monarquia requerem indicação consensual das pessoas, que esse consenso numa grande multidão de homens deva consistir na maioria; e onde os votos da maioria envolvem os votos dos demais, existe aí em ato uma democracia.

2. Na realização de uma democracia não é feita nenhuma convenção entre o soberano e qualquer súdito. Pois enquanto a democracia é uma realização, não existe soberano com o qual contratar. Pois não se pode imaginar que a multidão pudesse contratar consigo mesma ou com qualquer outro homem ou grupo de homens, nem dividir consigo mesma, para fazer a si mesma soberana; nem que uma multidão, considerada enquanto um agregado, pode dar a si mesma aquilo que antes ela não tinha. Visto então que a soberania democrática não é conferida pela convenção de alguma multidão, o que supõe uma união e uma soberania já realizadas, resta então que aquela é conferida pelas convenções particulares entre os diversos homens. Isso significa dizer: todos os homens com todos os homens, pois em consideração ao benefício de sua própria paz e proteção, convencionam acatar e obedecer a qualquer que seja a maioria no seu grupo todo, ou a maioria num certo número deles, devendo ser chamados a se reunirem em um certo tempo e lugar, para determinar e comandar. E isso é o que dá realidade a uma democracia, cuja assembléia soberana era chamada entre os gregos pelo nome de *Demos,* isto é, o povo, de onde vem o nome democracia. De modo que onde cada homem pode diante da corte suprema e independente apresentar a sua vontade e dar o seu voto aí o soberano é chamado o povo.

3. Fora disso que foi dito pode ser prontamente delineado que, qualquer coisa que o povo faça a algum membro particular ou súdito da república, o mesmo não deve ser por ele denominado injúria. Afinal a injúria, em primeiro lugar, segundo a definição – Parte I, cap. III, seção 2 – é uma violação de convenção. Mas as convenções, como foi dito na seção precedente, não são aí realizadas pelo povo com nenhum homem em particular; conseqüentemente aquele, a saber, o povo, não pode causar-lhe injúria. Em segundo lugar, por mais injusta que seja a ação que pode

ser feita por este *demos* soberano, ela é feita pela vontade de todos os homens particulares sujeitos a ele, os quais são, por esse motivo, culpados do mesmo. Dessa forma, se eles denominam isso injúria, estão pois acusando a si mesmos. E é contra a razão que um mesmo homem aja e reclame da ação; esta contradição implica que enquanto antes ele ratificava os atos do povo em geral, ele agora não permite o mesmo de cada um deles em particular. Portanto, é dito verdadeiramente que *volenti non fit injuria*. Contudo, nada pode ser impedido, senão aquelas diversas ações feitas pelo povo que são injustas diante de Deus Todo-Poderoso, como violações das leis de natureza.

4. E quando ocorre que o povo, por meio da pluralidade de vozes, decreta ou comanda alguma coisa contrária à lei de Deus ou de natureza, apesar de o decreto e comando ser um ato de todos os homens não apenas presentes à assembléia, mas também ausentes dela, ainda assim não é a injustiça do decreto, ou a injustiça de cada homem em particular, mas apenas daqueles homens por cujos votos expressos o decreto ou comando foi realizado. Pois visto que um corpo político é um corpo fictício, assim também são fictícias as suas faculdades e vontade. Mas tornar injusto um homem particular, o qual consiste de um corpo e alma naturais, isso pede uma vontade natural e verdadeira.

5. Em todas as democracias, embora o direito de soberania esteja na assembléia, que é virtualmente o corpo inteiro, ainda assim o uso daquele direito está sempre em um ou em alguns homens particulares. Pois como costuma ser em todas as grandes assembléias, dentro das quais todos os homens podem entrar quando quiserem, não existem meios pelos quais deliberar e aconselhar sobre o que fazer além daquelas longas e conjuntas orações, pelas quais é de certa forma dado a cada homem a esperança de inclinar e influenciar a assembléia em favor de seus próprios fins. Numa multidão de oradores, portanto, onde sempre um homem é eminente sozinho, ou onde alguns, sendo iguais entre si, são eminentes diante do resto, é que um ou alguns devem necessariamente influenciar o todo. De tal maneira que uma democracia, em efeito, nada mais é do que uma aristocracia de oradores, interrompida algumas vezes pela monarquia temporária de um orador.

6. E visto que a democracia é por instituição o começo tanto da aristocracia quanto da monarquia, devemos considerar em seguida como

a aristocracia se deriva dela. Quando os membros particulares da república cultivam o cansaço de comparecer às cortes públicas, por residirem longe delas ou estarem ocupados com seus negócios particulares, e ainda se desagradam com o governo do povo, então eles se reúnem entre si para formar uma aristocracia, e para a construção desta nada mais se requer do que questionar um a um os nomes daqueles homens que deverão constituí-la, e assentir com sua eleição. E pela pluralidade de votos, a transferir aquele poder, que o povo antes tinha, ao grupo de homens assim chamado e escolhido.

7. E desta maneira de constituição de uma aristocracia, fica claro que os poucos ou excelentes (*optimates*), não entram em nenhuma convenção com qualquer dos membros particulares da república dos quais eles são soberanos; conseqüentemente, não podem fazer qualquer coisa a qualquer homem particular que possa ser denominada uma injúria contra ele, por mais que aquele ato seja maligno diante de Deus Todo-Poderoso, de acordo com aquilo que dissemos na seção 3. Além disso, é impossível que o povo, enquanto um corpo político, possa convencionar com a aristocracia ou os excelentes, para os quais eles intentam transferir sua soberania. Pois assim que a aristocracia é constituída, a democracia é aniquilada e são anuladas as convenções feitas entre ambas.

8. Em todas as aristocracias, a admissão daqueles que de tempos em tempos devem votar na assembléia soberana depende da vontade e decreto dos excelentes presentes. Pois sendo eles os soberanos, eles dão a indicação – conforme a décima-primeira seção do último capítulo – de todos os magistrados, ministros e conselheiros de Estado, quaisquer que sejam, e podem portanto escolher torná-los elegíveis, ou hereditários, ao seu bel-prazer.

9. Fora da mesma democracia, a instituição de um monarca político procede da mesma maneira, como fez a instituição da aristocracia, a saber, por decreto do poder soberano, para passar a soberania a um homem nomeado e aprovado por pluralidade de votos. E se esta soberania for transferida verdadeira ou realmente, o Estado ou república é uma monarquia absoluta, na qual o monarca tem liberdade para dispor seja da sucessão, seja da possessão, e não um reinado eletivo. Suponhamos que um decreto seja feito de maneira que alguém tenha a soberania por toda sua vida, e que posteriormente escolherão mais uma vez. Neste caso, o

poder do povo é dissolvido ou não. Se for dissolvido, então, após a morte daquele que é escolhido, não existe homem obrigado a obedecer aos decretos daqueles que, enquanto homens particulares, caminham juntos para realizar uma nova eleição; conseqüentemente, se houver algum homem que por meio da vantagem do reino daquele que está morto tiver força o bastante para manter a multidão em paz e obediência, ele pode legitimamente, ou antes, pela lei de natureza, obrigar que isso seja feito. Se este poder do povo não for dissolvido quando da escolha de seu rei vitalício, o povo ainda é soberano, e o rei apenas um ministro seu, mas de tal maneira que põe em execução toda a soberania; um grande ministro, mas não contrário ao seu tempo, como seria um ditador em Roma. Neste caso, na morte daquele que foi escolhido, aqueles que se encontram para uma nova eleição não têm uma nova mas sim sua velha autoridade para o mesmo. Pois eles eram o soberano por todo o tempo, como é evidente pelos atos daqueles reis eleitos, que tinham obtido do povo que seus filhos pudessem sucedê-los. Por isso deve-se entender que, quando um homem recebe alguma coisa da autoridade do povo, ele recebe não do povo enquanto seus súditos, mas do povo enquanto seu soberano. Além disso, enquanto na eleição de um rei por toda vida o povo lhe concede o exercício de sua soberania por aquele tempo, ainda assim se acharem motivo podem retomar a mesma antes do tempo. Assim como um príncipe que confere um posto vitalício pode, apesar disso, por suspeitar do abuso naquele, retomá-lo quando quiser. De tal modo que os postos que requerem dedicação e cuidado são compreendidos como transmitidos por aqueles que os outorgam, enquanto onera encargos para aqueles que os recebem, a retomada destes não é portanto uma injúria, mas um favor. Entretanto, se na constituição de um rei eleito, com intenção de reservar a soberania, eles reservam não um poder de se reunirem em certos tempos e lugares conhecidos e determinados, a reserva de sua soberania é sem efeito, à medida que nenhum homem é obrigado a obedecer aos decretos e determinações daqueles que se reúnem sem a autoridade soberana.

10. Na última seção foi mostrado que os reis eleitos exercem sua soberania por um tempo determinado da sua vida, quer sejam súditos ou não soberanos, isto é, que o povo, ao elegê-los, reserva para si mesmo o direito de assembléia em certos tempos e lugares limitados e tornados conhecidos; ou então, que os soberanos absolutos, por dispor da sucessão

ao seu bel-prazer, isto é, quando o povo ao elegê-los declara não haver tempo nem lugar para seus encontros, ou deixa para o poder do rei eleito reunir e dissolver aqueles em quaisquer vezes, conforme ele mesmo considerar adequado. Existe um outro tipo de limitação de tempo, para aquele que vier a ser eleito para o uso do poder soberano, o qual, se foi ou não praticado em algum lugar, eu não sei, mas pode ser imaginado e tem sido objetado contra o rigor do poder soberano; e é aquele no qual o povo transfere sua soberania segundo certas condições. Por exemplo, já que ele deverá observar estas e aquelas leis que o prescrevem. Aqui como antes, nos reis eleitos, a questão a ser feita é se na eleição de um soberano eles reservam a si mesmos um direito de assembléia em tempos e lugares limitados e conhecidos, ou se não. Se não, então a soberania do povo é dissolvida, e eles não têm poder para julgar acerca da quebra das condições impostas por eles, nem para comandar quaisquer forças pela deposição daquele, a quem eles ergueram naquela condição, mas estão no estado de guerra entre eles mesmos, assim como estavam antes que tivessem feito de si mesmos uma democracia. Conseqüentemente, se aquele que é eleito graças à vantagem da possessão que tem dos recursos públicos, é hábil para compelir aqueles à unidade e obediência, ele tem não apenas o direito de natureza para concedê-lo, mas a lei de natureza para obrigá-lo a isto. Porém, se na sua eleição eles reservam para si mesmos um direito de assembléia, e apontam certos tempos e lugares para este propósito, então eles ainda são soberanos e podem chamar o seu rei condicional a prestar contas quando quiserem, e privá-lo do seu governo se o acharem merecedor disso, seja por ter quebrado uma condição a ele imposta, seja por outra coisa. Pois o poder soberano pode, sem qualquer convenção com um súdito, ser obrigado a mantê-lo no cargo que suportou por ordem daqueles, como uma obrigação imposta não particularmente para o seu bem, mas para o bem do povo soberano.

11. As controvérsias que surgem acerca de direito do povo procedem do equívoco da palavra. Pois a palavra povo tem um dupla significação. Num sentido, ela significa apenas um grupo de homens, que se distinguem em função do lugar que habitam, tal como o povo da Inglaterra, ou o povo da França, o que nada mais é do que a multidão daquelas pessoas particulares que habitam aquelas regiões, sem a consideração de quaisquer contratos ou convenções entre elas, pelos quais qualquer um

deles seria obrigado pelos demais. No outro sentido, ela significa uma pessoa civil, ou seja, cada homem, ou cada conselho, na vontade de quem é incluída e envolvida a vontade de cada um em particular. Como exemplo deste último sentido, a casa inferior no parlamento são todos os Comuns, à medida que ele se põem ali com autoridade e poder para isto; mas após terem sido dissolvidos, embora eles permaneçam, eles não são mais o povo, nem os comuns, mas apenas o agregado ou multidão dos homens particulares ali sentados, não importando o quanto concordam ou concorrem nas opiniões entre si. Em conseqüência disso, aqueles que não distinguem entre estas duas significações atribuem usualmente tais direitos a uma multidão dissolvida, como pertencendo somente ao povo virtualmente contido no corpo da república ou soberania. E quando um grande número de sua própria autoridade se agrupa em alguma nação, eles usualmente são chamados pelo nome da nação inteira. Neste sentido, eles dizem que o povo se rebela ou que o povo demanda, quando é nada mais do que uma multidão dissolvida, da qual, embora cada homem possa ser dito reclamando ou tendo direito a alguma coisa, ainda assim o montante, ou multidão, não pode ser dito reclamando ou tendo direito a alguma coisa. Pois onde todos os homens têm o seu direito distinto não existe nada deixado para a multidão ter direito àquilo. E quando os particulares dizem "isto é meu", "isto é teu" e "isto é dele", e têm dividido tudo entre eles, não pode haver nada do que a multidão possa dizer "isso é meu". Nem são eles um corpo, como é necessário que sejam, que reclama alguma coisa sob o nome do "meu", ou do "dele". E quando eles dizem "nosso", entende-se que é cada homem que pretende em conjunto, e não a multidão. Por outro lado, quando a multidão é unida num corpo político (pelo que um povo na outra significação e suas vontades estão virtualmente no soberano), aí cessam os direitos e reclamos dos particulares; e este ou estes que deter o poder soberano devem em nome de todos aqueles reclamar e reivindicar, em seu nome, aquilo a que antes chamavam, no plural, "deles".

12. Vimos como os homens particulares entram em sujeição, ao transferirem os seus direitos. Em seguida, iremos considerar como esta sujeição pode ser desobrigada. Em primeiro lugar, se aquele ou aqueles que detêm o poder soberano renunciarem a este voluntariamente, não há dúvida de que cada homem está novamente livre para obedecer ou não.

Da mesma forma, se aquele ou aqueles retêm a soberania sobre os demais, mas entretanto excluem algum ou alguns de sua sujeição, cada homem dentre estes está desobrigado. Pois aquele ou aqueles a quem algum homem está obrigado têm o poder de livrá-lo.

13. E aqui deve ser entendido que, quando aquele ou aqueles que detêm o poder soberano, enquanto não separável da soberania, e contudo diretamente retêm o poder soberano, não conhecendo a conseqüência do privilégio que eles concedem, a pessoas ou pessoas excluídas ou privilegiadas não são por isso livradas. Pois, nas significações contraditórias da vontade (Tratado da natureza humana, cap. XIII, seção 9), o que é diretamente significado deve ser entendido pela vontade, antes que seja arrancado como conseqüência.

14. O exílio perpétuo, também, é um livramento da sujeição, visto que, estando fora da proteção da soberania daquele que o exilou, ele não tem meios para subsistir senão por si mesmo. Agora, todos os homens podem legitimamente defender a si mesmos, senão não têm outra proteção; ainda mais se não houver necessidade de que algum homem entre na sujeição voluntária, como fazem nas repúblicas.

15. Da mesma forma um homem é livrado da sujeição por meio da conquista. Pois quando ocorre que o poder de uma república é derrubado, e algum homem particular por causa disso cai sob a espada de seu inimigo, rendendo-se ao cativeiro, ele está por isso obrigado a servir àquele que o arresta, e conseqüentemente livrado de sua obrigação em relação ao anterior. Pois nenhum homem pode servir a dois senhores.

16. Finalmente, a ignorância da sucessão desobriga a obediência. Pois jamais pode-se entender que um homem seja obrigado a obedecer àquele a quem ele não conhece.

ELEMENTOS DA LEI NATURAL E POLÍTICA
PARTE II, CAPÍTULO III
OU DO CORPO POLÍTICO
PARTE II, CAPÍTULO III

Do poder dos senhores[1]

1, 2. Títulos no domínio. Definição de senhor e de servo. 3. Correntes e outros laços materiais fazem presumir nenhum laço por convenção. Definição de escravo. 4. Os servos não têm propriedade contra seu senhor, mas podem ter uns contra os outros. 5. O senhor tem o direito de alienar o seu servo. 6. O servo do servo é servo do senhor. 7. Como a servidão é desobrigada. 8. O senhor mediano não pode livrar seu servo da obediência ao senhor superior. 9. O título do homem para seu domínio sobre os animais.

1. Tendo estabelecido nos dois últimos capítulos a natureza de uma república instituída pelo consenso de muitos homens conjuntamente, falarei agora do domínio, ou do corpo político por aquisição, o qual é comumente chamado um reino patrimonial. Mas antes que eu comece a fazê-lo, é necessário tornar conhecido o título pelo qual um homem pode adquirir o direito, isto é, a propriedade ou domínio sobre a pessoa de

---

[1] Capítulo correspondente ao Capítulo III da Parte II do *De corpore politico;* seu objeto é também tratado no Capítulo VIII ("Dos direitos dos senhores sobre seus servos") da Parte II ("Domínio") do tratado *Do cidadão*, e no Capítulo XX ("Do poder paterno e despótico") da Parte II ("Da república") do *Leviatã*. (NT)

outrem. Pois quando um homem tem domínio sobre outrem, existe um pequeno reino. E ser rei por aquisição nada mais é do que ter adquirido um direito ou domínio sobre muitos.

2. Portanto, considerando os homens novamente no estado de natureza, sem convenções ou sujeição de um em relação ao outro, como se eles tivessem sido de uma só vez criados agora como macho e fêmea, existem três títulos apenas pelos quais um homem pode ter direito e domínio sobre outro; destes, dois podem ter lugar atualmente, os quais são o oferecimento ou sujeição voluntária e a rendição por compulsão. O terceiro pode ter lugar desde que se imaginem crianças nascidas dentre eles. Com respeito ao primeiro destes três títulos, ele foi analisado antes, nos dois últimos capítulos. Pois daí vem o direito dos soberanos sobre seus súditos numa república instituída. Com respeito ao segundo título, que se dá quando um homem se submete a um assaltante por medo da morte, aí se origina um direito de domínio. Pois onde todo homem, como acontece nesse caso, tem direito a todas as coisas, aí nada mais é necessário para tornar efetivo o dito direito, além de uma convenção daquele que é conquistado não resistir àquele que conquista. E assim o conquistador vem a ter direito de absoluto domínio sobre o conquistado. Pelo que está presentemente constituído num pequeno corpo político, que consiste de duas pessoas, uma soberana, que é chamada o *senhor* ou *amo* (master, or lord), a outra o súdito, que é chamada o *servo* (servant). E quando um homem adquirir direito sobre um grupo de servos, sob um número bem considerável de servos, como eles não podem ser seguramente invadidos por seus vizinhos, este corpo político é um reino despótico.

3. E deve ser entendido que, quando um servo capturado nas guerras é mantido por amarras físicas, como grilhões e coisas semelhantes, ou na prisão, não houve aí nenhuma convenção do servo com o seu senhor. Afinal, aquelas amarras físicas não precisam ser reforçadas pelas amarras verbais da convenção, e mostram que o servo não é confiado. A convenção, contudo (Parte I, capítulo II, seção 9), supõe a confiança. Aí, portanto, permanece no servo assim mantido agrilhoado ou aprisionado, um direito de libertar a si mesmo, se disso for capaz por quaisquer meios que sejam. Esse tipo de servo é aquele que ordinariamente e sem paixão é chamado de *escravo* (*slave*). Os romanos não dispunham desse nome específico, mas compreendiam a todos sob o nome de *servus*, donde aqueles

senhores que apreciavam e arriscavam a confiança toleravam que os servos andassem livremente e que fossem admitidos nos postos de ofício, fosse junto deles mesmos, fosse em seus negócios no exterior. Os demais eram mantidos agrilhoados, ou tinham sua resistência constrangida de alguma forma por impedimentos físicos. E como acontecia entre os romanos, também se dava entre outras nações que o primeiro tipo não tinha outra amarra além de uma convenção suposta, sem a qual o senhor não tinha razão para lhes dar confiança; e que o último não tinha convenção, e não obrigava por outra forma além dos grilhões, ou outra custódia forçada desse tipo.

4. Um senhor, portanto, deve ser imaginado como não tendo menos direito sobre aqueles cujos corpos ele devolve à liberdade do que aqueles que ele mantém a ferros e nas prisões, e tem absoluto domínio sobre ambos, podendo dizer do seu servo que ele é seu, assim como ele pode dizê-lo de qualquer outra coisa. E qualquer coisa que o servo tenha e possa dizer que é dele agora é do senhor, pois que dispõe de uma pessoa, dispõe de tudo o que essa pessoa puder dispor. De tal maneira que embora houvesse o *meum* e o *tuum* pelos servos distintos uns dos outros pela distribuição, e para o benefício do seu senhor, ainda assim não existem um *meum* e um *tuum* pertencentes a quaisquer daqueles contra o próprio senhor, a quem eles não podem resistir, mas obedecem a todos os seus comandos como se fossem leis.

5. E visto que tanto o servo como tudo aquilo que lhe é confiado são propriedade do senhor, e que todos os homens podem dispor do que é seu e transferi-lo quando quiserem, o senhor pode, portanto, alienar o seu domínio sobre aqueles, ou transferir o mesmo a quem desejar, como sua última vontade.

6. E se acontece de o próprio senhor tornar-se, por cativeiro ou sujeição voluntária, servo de um outro, então este outro é um senhor *supremo* (*paramount*), e aqueles servos deste que se tornou servo não continuam sendo obrigados senão se este senhor supremo considerar conveniente. Visto que se ele dispõe do senhor subordinado, dispõe de tudo o que ele tem, e conseqüentemente dos seus servos, da mesma forma a restrição do poder absoluto nos senhores procede não da lei de natureza, mas da lei política daquele que é o seu senhor supremo ou soberano.

7. Os servos imediatos ao senhor supremo são desobrigados da sua servidão ou sujeição da mesma maneira que os súditos são liberados de sua obediência a uma república instituída. Em primeiro lugar, pela *soltura* (*release*). Pois aquele que cativa, o que é feito ao aceitar o que o cativado transfere a ele, também restitui a liberdade, ao transferir novamente a mesma. Este tipo de soltura é chamado *manumissão* (*manumission*). Em segundo lugar, pelo exílio, que é dado a um servo não mais por manumissão nem de forma a beneficiá-lo, mas é uma punição. Em terceiro lugar, por um novo cativeiro, no qual o servo, tendo se empenhado em defender a si mesmo, por meio disso cumpriu sua convenção com o senhor anterior e, para a proteção de sua vida, entrou numa nova convenção com o seu conquistador, obrigando-se a dar do seu melhor esforço para mantê-la da mesma forma. Em quarto lugar, a ignorância daquele que sucede ao seu falecido senhor o desobriga da obediência, pois nenhuma convenção obriga por mais tempo do que enquanto um homem conhece aquele por quem ele deve cumpri-la. Em último lugar, aquele servo que não é mais confiado, mas é submetido aos seus grilhões e custódia, está por isso desobrigado da obrigação *in foro interno* e, portanto, se ele puder se soltar, pode legitimamente fazer o seu próprio caminho.

8. Mas os servos subordinados, embora manumissos por seu senhor imediato, não estão por isso desobrigados de sua sujeição ao senhor supremo. Pois o senhor imediato não tem propriedade sobre eles, já que outrora transferiu o seu direito a outrem, a saber, o seu próprio e supremo senhor. Se o senhor superior manumitisse seu servo imediato não estaria com isso libertando os seus servos da obrigação com aqueles que foram assim manumitidos. Pois com esta manumissão ele repõe também o domínio absoluto que antes tinha sobre aqueles. Pois após uma libertação, que é a desobrigação de uma convenção, o direito fica como estava antes de ter sido feita a convenção.

9. Esse direito de conquista, que faz com que um homem seja senhor de outrem, da mesma forma também faz com que um homem seja senhor das criaturas irracionais. Pois se um homem, no estado de natureza, está em hostilidade com os demais e com isso tem título legítimo para submeter ou matar, de acordo com sua própria consciência e discrição deverá sugerir segurança e benefícios muito mais para si do que pode fazer

pelos animais, isto é, assegurá-los e preservá-los para o seu próprio serviço, de acordo com sua descrição, tal como são por natureza aptos a obedecer e cômodos para serem utilizados; e para matar e destruir, com guerra perpétua, qualquer um que seja violento e nocivo para ele. E esse domínio é portanto da lei de natureza, e não da lei divina positiva. Pois se não tivesse havido um tal direito antes que a vontade de Deus fosse revelada na Escritura, então nenhum homem, a quem a Escritura não tivesse alcançado, teria direito a fazer uso daquelas suas criaturas, seja para seu alimento ou sustento. E seria uma dura condição da humanidade, que uma fera violenta e selvagem pudesse com mais direito matar um homem do que um homem matar uma fera.

ELEMENTOS DA LEI NATURAL E POLÍTICA
PARTE II, CAPÍTULO IV
OU DO CORPO POLÍTICO
PARTE II, CAPÍTULO IV

Do poder dos pais, ou reino patrimonial[1]

1. O domínio sobre o filho é originalmente direito da mãe. 2. Preeminência do sexo não dá o filho ao pai em vez de à mãe. 3. O título do pai ou da mãe sobre a pessoa do filho não vem da geração, mas da sua preservação. 4. O filho de uma serva é domínio do seu senhor. 5. O direito dado pela mãe algumas vezes ao filho, por convenção. 6. O filho de uma concubina não está sob o poder do pai por aquele título. 7. O filho do marido e da esposa está sob o poder do pai. 8. O pai, ou aquele ou aquela que cria o filho, tem poder absoluto sobre ele. 9. O que é a liberdade nos súditos. 10. Uma grande família é um reino patrimonial. 11. Sucessão do poder soberano, etc. 12. Ainda que o sucessor não seja declarado, sempre haverá alguém a ser presumido. 13. Os filhos são chamados à sucessão antes de todos os demais. 14. Os homens antes das mulheres. 15. O mais velho antes que os demais irmãos. 16. O irmão, em seguida dos filhos. 17. A sucessão do possessor segue a mesma regra da sucessão do predecessor.

---

[1] Capítulo correspondente ao Capítulo IV da Parte II do *De corpore politico;* seu objeto é também tratado no Capítulo IX ("Do direito dos pais sobre os filhos e do governo hereditário") da Parte II ("Domínio") do tratado *Do cidadão*, e no Capítulo XX ("Do poder paterno e despótico") da Parte II ("Da república") do *Leviatã*. (NT)

1. Das três maneiras pelas quais um homem se torna submisso a outro, conforme a seção 2 do último capítulo, a saber, o oferecimento voluntário, a catividade e o nascimento, as duas primeiras foram analisadas sob o nome de súditos e servos. A partir de agora, deveremos falar da terceira maneira de sujeição, sob o nome de filhos, e por qual título um homem vem a ter propriedade sobre uma criança, que procede da geração comum de dois seres, a saber, o homem e a mulher. Considerando novamente os homens dissolvidos de todas as convenções de uns com relação aos outros, e que (Parte I, cap. IV, seção 2) cada homem, pela lei de natureza, tem direito e propriedade ao seu próprio corpo, o filho deve antes ser propriedade da mãe, de cujo corpo é uma parte, até o tempo da separação, do que do pai. Pois do entendimento, portanto, do direito que um homem ou mulher tem ao seu ou aos seus filhos, devem ser consideradas duas coisas. Primeiro, qual título a mãe, ou outra pessoa, tem originalmente sobre um recém-nascido; segundo, de que forma o pai, ou qualquer outro homem, toma o lugar da mãe.

2. Quanto à primeira, aqueles que escreveram acerca deste assunto fizeram da geração um título de domínio sobre as pessoas, bem como um consentimento das próprias pessoas. E porque a geração dá título a dois, a saber, pai e mãe, cujo domínio é indivisível, eles portanto atribuem o domínio sobre o filho unicamente ao pai, *ob praestantiam sexûs,* mas eles não mostram, nem eu consigo encontrar coerência, de que maneira a geração infere o domínio, ou vantagem de tamanha força, que, para a maioria, um homem tem mais do que uma mulher, poderia geral e universalmente intitular o pai para a propriedade sobre o filho, e retirá-la da mãe.

3. O título de domínio sobre um filho procede não da geração, mas da preservação daquele. Portanto, no estado de natureza, a mãe, em cujo poder está assegurar ou destruir, tem por esse poder direito àquilo, de acordo com o que foi dito na Parte I, capítulo I, seção 13. E se a mãe considerar apropriado abandonar ou expor seu filho à morte, qualquer homem ou mulher que encontrar a criança assim exposta terá sobre ela o mesmo direito que a mãe tinha antes; por essa mesma razão, a saber, pelo poder não de geração, mas de preservação. E embora a criança assim preservada, com o tempo adquira força com a qual possa pretender igualdade diante daquele ou daquela que a preservara, ainda assim esta pretensão deverá ser considerada irracional, tanto porque a sua força é uma dádiva

daquele contra quem ele pretende, e também porque presume-se que aquele que dá sustento a outro, de modo a fortalecê-lo, recebera uma promessa de obediência em consideração a isto. Afinal, haveria mais sabedoria nos homens em deixar seus filhos perecerem enquanto ainda são crianças do que viver sob seu perigo e sujeição depois que crescessem.

4. Quanto aos pretextos que um homem pode ter para o domínio sobre um filho com base no direito da mãe, há vários tipos. Um, pela sujeição absoluta da mãe; outro, por alguma convenção particular com ela, o que é menos que uma convenção de tal sujeição. Pela sujeição absoluta, o senhor da mãe tem direito ao filho dela, de acordo com a seção 6 do capítulo III, quer seja ele o pai daquele ou não. E assim os filhos do servo são os bens do senhor *in perpetuum*.

5. Das convenções que resultam não numa sujeição entre um homem e uma mulher, existem algumas que são feitas por certo prazo; são convenções de coabitação, ou antes de copulação, apenas. Neste último caso, os filhos passam por convenções particulares. Assim, na copulação das amazonas com seus vizinhos, os pais, por convenção, tinham direito apenas aos filhos homens, enquanto as mães retinham as meninas.

6. Convenções de coabitação existem seja para uma sociedade de leito, seja para uma sociedade de todas as coisas; se for apenas para uma sociedade de leito, então a mulher é denominada uma *concubina* (concubine). E aqui também o filho deverá ser dele ou dela, conforme eles acordarem particularmente por meio de convenção. Pois embora para a maioria se suponha que uma concubina entrega para o pai o direito a seus filhos, ainda assim nenhum concubinato obriga a tanto.

7. Mas nas convenções de coabitação, que são sociedades de todas as coisas, é necessário que somente um deles governe e disponha de tudo aquilo que é comum a ambos, sem o que, conforme o que foi muitas vezes dito antes, a sociedade não pode durar. Portanto o homem, para quem segundo a maioria a mulher entrega o comando, também para a maioria tem sozinho o direito e domínio sobre os filhos. E o homem é denominado o *marido* (husband) e a mulher a *esposa* (wife). Mas porque algumas vezes o comando pode pertencer apenas à esposa, algumas vezes também o domínio sobre os filhos deverá ser apenas dela. Assim como no caso de uma rainha soberana, não existe razão para que o seu casamento possa tirar dela o domínio sobre os seus filhos.

8. Os filhos, portanto, quer tenham sido educados e preservados pela mãe, ou por quem quer que seja, estão na mais absoluta sujeição àquele ou àquela que os educou ou preservou. E estes podem aliená-los, isto é, transferir o domínio do filho ou da filha, ao vendê-los ou doá-los em adoção ou servidão a outros; ou podem penhorá-los como garantia, matá-los por rebelião, ou sacrificá-los pela paz, pela lei de natureza, quando ele ou ela, conforme sua consciência, considerar necessário.

9. A sujeição daqueles que instituem uma república entre si mesmos não é menos absoluta do que a sujeição dos servos. E nisto eles estão em igual estado. Mas a esperança daqueles é maior do que a esperança destes. Pois aquele que se submete sem ser compelido considera haver uma razão pela qual será melhor usado do que aquele que o faz por compulsão. E fazendo-o livremente chama a si mesmo de um *homem livre* (*freeman*), ainda que em sujeição; pelo que parece que a liberdade não é alguma isenção da sujeição e obediência ao poder soberano, mas um estado de melhor esperança daqueles que foram submetidos por meio da força e da conquista. E essa é a razão pela qual o nome que significava "crianças" na língua latina seja *liberi,* que também significa homens livres. Ainda em Roma, nada naquela época irritava mais ao poder dos outros do que filhos na família dos seus pais. Pois tanto o Estado tinha poder sobre a vida deles sem o consentimento de seus pais quanto o pai poderia matar o seu filho com base em sua própria autoridade sem qualquer sanção do Estado. A liberdade, portanto, nas repúblicas nada mais é do que a honra da igualdade de favor com outros súditos, e a servidão é o estado do resto. Um homem livre, portanto, pode esperar ocupações honrosas, mais do que um servo. E isso é tudo que pode ser entendido pela liberdade do súdito. Pois em todos os outros sentidos a liberdade é o estado daquele que não é súdito.

10. Agora, quando um pai, além dos filhos, possui também servos, os filhos – não pelo direito do filho, mas pela indulgência natural dos pais –, também são homens livres. E o conjunto que consiste do pai ou da mãe, ou de ambos, e dos filhos e dos servos, denomina-se uma *família* (*family*), na qual o pai ou a mãe da família é o soberano da mesma, e os demais, tanto os filhos quanto os servos, são súditos. A mesma família, caso aumente pela multiplicação dos filhos, seja pela geração, seja pela adoção; ou dos servos, seja pela geração, conquista ou submissão

voluntária, se vier a se tornar tão grande e numerosa a ponto de provavelmente poder proteger a si mesma, então essa família é chamada um *reino patrimonial* (*patrimonial kingdom*), ou monarquia por aquisição, na qual a soberania está em um homem, como está num monarca constituído por instituição política. Assim, quaisquer que sejam os direitos que estejam em um, os mesmos estarão também no outro. Portanto, não falarei mais deles como sendo distintos, mas da monarquia em geral.

11. Tendo apresentado por qual direito os diversos tipos de repúblicas – democracia, aristocracia e monarquia – são constituídos, em seguida apresentarei a maneira pela qual eles são continuados. O direito pelo qual eles são continuados chama-se direito de sucessão do poder soberano, do que nada há para ser dito numa democracia, porque o soberano não morre enquanto houver súditos vivos; nem numa aristocracia, porque não poderia facilmente acontecer de todos os excelentes morrerem de uma só vez, mas, se isso viesse a acontecer, nem haveria a disputa, pois que a república já estaria dissolvida. Portanto, somente numa monarquia é que pode ocorrer uma disputa pela sucessão. Em primeiro lugar, visto que um monarca, que é uma soberano absoluto, tem o domínio em seu próprio direito, ele pode dispor dele conforme a sua vontade. Se, portanto, como sua última vontade, ele nomear o seu sucessor, o direito passará graças a essa vontade.

12. Nem se o monarca morresse sem ter declarado alguma vontade acerca da sucessão seria possível por isto presumir que seria sua vontade que seus súditos, os quais eram para ele como filhos e servos, retornassem novamente ao estado de anarquia, ou seja, à guerra e à hostilidade. Pois isso seria expressamente contra a lei de natureza, que ordena a obtenção da paz, e a manutenção desta. Portanto, pode-se com razão conjecturar que era sua intenção legar-lhes a paz, ou seja, um poder coercitivo, pelo qual seriam mantidos longe da sedição entre si mesmos; e antes na forma de uma monarquia do que de qualquer outro governo, visto que ele, pelo exercício daquela em sua própria pessoa, declararia que aprova o mesmo.

13. Além disso, deve-se supor que a sua intenção seria que os seus próprios filhos fossem preferidos na sucessão antes que qualquer outro, quando nada em contrário fosse expressamente declarado. Pois os homens naturalmente objetivam a sua própria honra, e esta consiste na honra de seus filhos depois deles.

14. Novamente, visto que se supõe que todo monarca deseja continuar o governo nos seus sucessores tanto quanto puder, e que geralmente os homens são providos com um dote de sabedoria e coragem – graças às quais todas as monarquias são afastadas da dissolução – maior do que o das mulheres, pode-se presumir, onde não houver vontade expressa em contrário, que ele prefere seus filhos homens às filhas mulheres. Não que as mulheres não possam governar ou não tenham governado sabiamente em várias épocas e lugares, mas em geral elas não são tão aptas quanto os homens para fazê-lo.

15. Porque o poder soberano é indivisível, não se pode supor que aquele que o pretende vá dividi-lo, mas deverá descendê-lo inteiramente sobre um daqueles – que deve ser presumido como sendo o mais velho –, assegurando para este por um lote de natureza, também, qualquer que seja a diferença de habilidade que possa existir entre os irmãos, as desigualdades deverão ser decididas pelo mais velho, porque nenhum súdito tem uma outra autoridade para poder julgar.

16. E por falta de declaração do possessor, o irmão deverá ser presumido sucessor. Pois segundo o julgamento da natureza quem é próximo no sangue é próximo no amor; e quem é próximo no amor é próximo na preferência.

17. E assim como a sucessão se segue do primeiro monarca, da mesma forma ela se segue daquele ou daquela que a possui conseqüentemente, os filhos de quem a possui, deverão ser preferidos antes que os filhos do seu pai ou predecessor.

ELEMENTOS DA LEI NATURAL E POLÍTICA
PARTE II, CAPÍTULO V
OU DO CORPO POLÍTICO
PARTE II, CAPÍTULO V

Comparação dos inconvenientes dos vários
tipos de governo[1]

1. A utilidade da república e os seus membros. 2. A perda de liberdade, ou a falta de propriedade sobre bens contrários ao direito do soberano, não é inconveniência real. 3. A monarquia é aprovada pelos mais antigos exemplos. 4. A monarquia está menos sujeita à paixão do que os outros governos. 5, 6. Os súditos na monarquia se aborrecem menos com enriquecer a particulares do que em outros governos. 7. As leis na monarquia são menos mutáveis do que em outros governos.
8. As monarquias são menos sujeitas à dissolução.

1. Tendo estabelecido a natureza de um corpo político, e as três espécies deste, democracia, aristocracia e monarquia, neste capítulo serão apresentados os convenientes ou inconvenientes que surgem daquelas,

---

[1] Capítulo correspondente ao Capítulo V da Parte II do *De corpore politico;* seu objeto é também tratado no Capítulo X ("Comparação entre as três espécies de governo, conforme os inconvenientes de cada uma") da Parte II ("Domínio") do tratado *Do cidadão*, e no Capítulo XIX ("Das diversas espécies de governo por instituição, e da sucessão do poder soberano") da Parte II ("Da república") do *Leviatã*. (NT)

ambos em geral, e das mencionadas espécies, em particular. Em primeiro lugar, visto que um corpo político é constituído unicamente para o mando e governo dos homens particulares, a vantagem e o prejuízo disto consistem na vantagem e no prejuízo de ser regrado. A vantagem é aquilo pelo que um corpo político é instituído, a saber, a paz e a preservação de cada homem em particular, da qual não é possível que haja uma maior, como já foi dito antes, na Parte I, capítulo I, seção 12. E esta vantagem se estende igualmente sobre o soberano e os súditos. Pois aquele ou aqueles que detêm o poder soberano só o detêm pela proteção da pessoa daqueles, pela assistência aos particulares; e cada homem particular tem sua proteção por meio de sua união no soberano. E quanto a outras vantagens, que dizem respeito não a sua segurança e suficiência, mas ao seu bem-estar e deleite, como são as riquezas supérfluas, estas só pertencem ao soberano à medida que também estão no súdito; e no súdito, à medida que também estão no soberano. Pois as riquezas e o tesouro do soberano são o domínio que ele tem sobre as riquezas dos súditos. Portanto, se o soberano não proporciona tanto quanto poderia os recursos dos homens particulares, seja para preservarem a si mesmos, ou para preservar o público, então o tesouro comum e público pode nem existir. Por outro lado, se não servissem para um tesouro comum e público pertencente ao poder soberano, as riquezas particulares dos homens logo serviriam para atirá-los na confusão e na guerra do que para assegurá-los ou preservá-los. A tal ponto que os ganhos do soberano e do súdito se dão sempre juntos. Essa distinção de governo, portanto, entre *um governo para o bem daquele que governa e outro para o bem daquele que é governado – onde o primeiro é o despótico, o que é nobre, e o outro, um governo de homens livres*, o que não é correto (*right*) –, não mais é a opinião daqueles que afirmam não haver cidade consistindo de um senhor e seus servos. Eles poderiam muito bem dizer, se não fosse cidade, que consiste de um pai e sua própria prole, não importa quão numerosa seja ela. Pois para um senhor que não tem filhos os servos recebem todos aqueles respeitos com os quais os homens amam seus filhos. Pois eles são a sua força e a sua honra. E o seu poder sobre eles não é maior do que o seu poder sobre seus filhos.

2. O inconveniente que surge no governo em geral para aquele que governa consiste em parte nos cuidados e problemas contínuos com respeito aos negócios dos outros homens, que são seus súditos; e, em parte,

no perigo da sua pessoa. Pois o chefe sempre é aquela parte não apenas onde reside o cuidado, mas também onde o ataque de um inimigo é mais comumente direcionado. Para balançar este incômodo a soberania, junto com a necessidade desse cuidado e perigo, compreende uma certa honra, riquezas e recursos, por onde deleitar a mente, como nenhuma riqueza de um homem em particular poderia alcançar. Os inconvenientes do governo em geral para um súdito não existem, se bem considerados, senão em aparência. Existem duas coisas que podem abalar sua mente, ou duas injustiças (*grievances*) gerais: uma é a perda de liberdade, a outra é a incerteza quanto ao *meum* e ao *tuum*. Quanto à primeira, ela consiste em um súdito não mais poder governar suas próprias ações, de acordo com sua descrição e julgamento, ou, o que é o mesmo, sua consciência, como as ocasiões presentes vez por outra lhe ditarão; mas deve ser obrigado a agir conforme a sua vontade apenas, que de uma só vez ele recolheu e envolveu nas vontades da maior parte de uma assembléia, ou na vontade de um único homem. Mas isto, de fato, não apresenta inconveniente. Pois assim como se disse antes, trata-se dos únicos meios pelos quais temos alguma possibilidade de preservarmos a nós mesmos. Pois se cada homem se permitisse esta liberdade de seguir sua consciência, a cada diferença de consciências os homens não poderiam viver juntos em paz sequer por uma hora. Mas parece um grande inconveniente, para cada homem em particular, ser privado da sua liberdade, porque cada um separadamente a considera como nele mesmo, e não como nos demais; por estes meios, a liberdade aparece à semelhança da regra e do governo sobre os outros. Pois onde um homem está em liberdade e os demais estão atados, aí um deles detém o governo; onde aquele que não compreende a honra como tal, chamando-a simplesmente pelo nome de liberdade, considera um grande aborrecimento e injúria negá-la. Quanto à segunda injustiça, acerca do *meum* e do *tuum*, ela também não existe, senão apenas em aparência. Ela consiste no que o poder soberano toma daquele que ele usara para fruir, não conhecendo outra propriedade, senão o uso e o costume. Mas sem este poder soberano, o direito dos homens não é propriedade de coisa alguma, mas uma comunidade, não melhor do que não ter direitos, como foi apresentado na Parte I, capítulo I, seção 10. Portanto, sendo a propriedade derivada do poder soberano, não se pode pretender contra ela, especialmente quando por ela cada súdito tiver a sua propriedade contra cada um dos outros súditos, a qual, quando cessar a soberania, ele não tem, e que nesse caso todos retornam à guerra entre si mesmos. Aqueles encargos, portanto, que são baixados sobre a condição dos homens pela autoridade soberana são nada mais do que o preço daquela paz e proteção que a soberania sustenta para eles. Se assim não fosse, nenhum dinheiro, nem forças para as guerras, nem outra ocasião pública, poderiam ser justamente onerados no mundo. Pois nenhum rei nem democracia, nem aristocracia, nem os Estados de qualquer terra poderiam fazê-lo, se a soberania não o pudesse. Pois em todos aqueles casos, onera-se em virtude da soberania. Ademais, nos três Estados aqui mostrados, a terra de um homem pode ser transferida a outrem, sem crime daquele por quem ela foi tomada, e sem pretexto de benefício público, como tem sido feito, e isto sem injúria, porque é feito pelo poder soberano. Pois o poder pelo qual é feito é nada menos que o soberano, e não pode ser maior. Portanto, esta injustiça para o *meum* e o *tuum* não é real, e não pode ser especificada além do necessário; mas ela parece uma injustiça por causa daqueles que não conhecem o direito de soberania ou para os quais aquele direito pertence, parecendo pois uma injúria; e uma injúria, não importa quão pequeno seja o dano, é sempre grave, pois nos coloca conscientes da nossa inabilidade a ajudarmos a nós mesmos, e invejosos do poder que nos torna errados.

3. Tendo falado dos inconvenientes do súdito, no governo em geral, vamos considerar o mesmo nas três espécies diversas daquele, a saber, democracia, aristocracia e monarquia, das quais as duas primeiras são, em efeito, uma só. Afinal, como eu já apresentei antes, a democracia não é senão o governo de uns poucos oradores. Portanto, a comparação deverá ser feita entre a monarquia e a aristocracia. E para omitir que o mundo, como quando foi criado, também é governado por um Deus Todo-Poderoso, e que todos os antigos preferiam a monarquia antes que quaisquer outros governos, seja por força da opinião, pois eles fingiam haver um governo monárquico entre seus deuses, seja também pelo seu costume, pois que nos tempos mais antigos todos os povos eram assim governados. E que o governo paterno, que é uma monarquia, foi instituído no começo desde a criação; e que outros governos procederam da dissolução daquele, causada pela natureza rebelde da humanidade, e são apenas destroços de monarquias cimentados pelo engenho humano, eu insistirei

apenas nessa comparação, sobre os inconvenientes que podem ocorrer aos súditos em conseqüência de cada um destes governos.

4. Em primeiro lugar parece inconveniente que seja conferido um poder tão grande a um único homem, como parece não ser legítimo a nenhum outro homem ou homens resistir a isso; e alguns pensam que isso é inconveniente *eo nomine,* porque ele tem o poder. Mas esta razão nós não podemos admitir por outros meios, pois ela torna inconveniente ser regrado por Deus Todo-Poderoso, que sem dúvida tem mais poder sobre todos os homens do que pode ser conferido sobre qualquer monarca. Portanto, este inconveniente deve ser derivado não do poder, mas das afecções e paixões que reinam em cada um, seja monarca ou súdito, pelas quais o monarca pode ser influenciado a usar o seu poder incorretamente. Porque uma aristocracia consiste de homens, se as paixões de muitos homens for mais violenta quando eles estiverem reunidos em conjunto, do que as paixões de um homem sozinho, seguir-se-á que o inconveniente que nasce das paixões será maior numa aristocracia do que numa monarquia. Porém não há dúvida quando coisas são debatidas nas grandes assembléias, de que cada um, a menos que apresente suas opiniões por completo e sem interrupção, faz o que for possível para mostrar que aquilo que tem por bom é o melhor, e que aquilo que tem como ruim é o que há de pior, de modo a fazer com que o seu conselho seja finalmente acolhido. Conselho este que, também, nunca é desinteressado pelos seus próprios desígnios e honra, pois o fim de cada um é algum bem para si mesmo. Agora, isso não pode ser feito sem que se opere sobre as paixões dos demais. E assim as paixões daqueles, que são moderadas em cada um, no conjunto serão veementes; assim como um grande número de carvões que, ao invés de queimarem separadamente, são colocados juntos e inflamam um ao outro.

5. Outro inconveniente da monarquia é este, que o monarca, ao lado das riquezas necessárias para a defesa da república, pode tomar muito mais dos súditos, assim como pode enriquecer seus filhos, parentes e favoritos, em qual grau desejar. Isso mesmo, embora se torne de fato um inconveniente se o monarca vier a fazê-lo, é algo muito pior numa aristocracia, e também é mais provável que ocorra, pois aí não é apenas um, mas são muitos que têm filhos, parentes e amigos a engrandecer. E nesse ponto, eles são como vinte monarcas por um, e é provável que cada um

apresente mutuamente os seus desígnios de modo a oprimir os demais. O mesmo também acontece numa democracia, se todos concordarem; do contrário, eles causam um inconveniente pior, a saber, a sedição.

6. Outro inconveniente da monarquia é o poder de isentar da execução da justiça, pelo que a família e os amigos do monarca podem, impunemente, cometer atrocidades contra o povo ou oprimi-los com extorsão. Mas nas aristocracias, não apenas um, mas muitos têm o poder de livrar os homens das mãos da justiça, e nenhum homem deseja que seu parente ou amigos possam ser punidos pelos próprios deméritos. Portanto, eles compreendem entre si mesmos sem falar além, como uma convenção tácita, que *hodie mihi, cras tibi*.

7. Outro inconveniente da monarquia é o poder de alterar as leis. Acerca disso, é necessário que um tal poder exista, que as leis possam ser alteradas de acordo com a mudança dos costumes dos homens, ou conforme quiser a conjectura de todas as circunstâncias dentro e fora da república. A mudança da lei, sendo, pois, inconveniente, quando procede da mudança não da ocasião, mas do pensamento daquele ou daqueles por cuja autoridade as leis são elaboradas. Agora, está claro o bastante que a mente de um homem não é tão variável a este ponto, como são os decretos de uma assembléia. Pois não apenas eles todos têm suas mudanças naturais, mas a mudança de apenas um homem pode ser suficiente, com eloqüência e reputação, ou por solicitação e facção, para elaborar hoje uma lei que outrem, a partir dos mesmos instrumentos, fará anular futuramente.

8. Por último, o maior inconveniente que pode ocorrer a uma república é a sua propensão a ser dissolvida por uma guerra civil; e a isto as monarquias estão muito menos sujeitas do que os demais governos. Pois onde a união ou associação de uma república é um homem, não existe desvio, ao passo que, nas assembléias, aqueles que apresentam diferentes opiniões e dão conselhos diversos estão propensos a discutir entre si e atravessar os desígnios da república pela causa de um contra o outro. E quando eles não podem ter a honra de tornar bons os seus próprios projetos, eles ainda buscarão a honra de tornar prova vã os conselhos dos seus adversários. E nesta disputa, quando ocorrer de as facções opostas serem de certa forma iguais em força, nessa hora elas cairão em guerra. No que a necessidade ensina a ambos os lados que um monarca absoluto, a saber,

um general, é necessário tanto para a proteção de um contra o outro como também para a paz de cada facção consigo mesma. Mas essa propensão à dissolução deve ser compreendida como um inconveniente apenas naquelas aristocracias em que os negócios de Estado são debatidos em grandes e numerosas assembléias, como acontecia antigamente em Roma; e não naquelas que nada mais fazem nas grandes assembléias além de escolherem magistrados e conselheiros, e atribuírem a manipulação do Estado a uns poucos; dessa forma é a aristocracia de Veneza nos dias atuais. Pois estes não são mais propensos a se dissolverem nessa ocasião do que as monarquias, o conselho de Estado havendo tanto em uma quanto na outra, igualmente.

ELEMENTOS DA LEI NATURAL E POLÍTICA
PARTE II, CAPÍTULO VI
OU *DE CORPORE POLITICO*
PARTE II, CAPÍTULO VI

QUE OS SÚDITOS NÃO SÃO OBRIGADOS A SEGUIR SEUS JUÍZOS PARTICULARES NAS QUESTÕES DE RELIGIÃO[1]

1. Exposição de uma dificuldade acerca da sujeição absoluta do homem, derivada de nossa sujeição absoluta a Deus Todo-Poderoso. 2. Que essa dificuldade existe apenas em meio àqueles cristãos que negam que a interpretação das Escrituras dependa da soberania absoluta da república. 3. Que as leis humanas não são feitas para governar a consciência do homem, mas suas palavras e ações. 4. Pontos da Escritura que provam a obediência que os cristãos devem ao seu soberano em todas as coisas. 5. Uma distinção exposta entre um ponto fundamental de fé e uma construção. 6. Uma explicação dos pontos da fé, o que é fundamental. 7. Que a crença nestes pontos da fé é tudo o que é requerido para a salvação, a partir da fé. 8. Que outros pontos não fundamentais não são necessários para a salvação como matéria de fé; e que nada mais é requerido por meio da fé para a salvação de um homem do que para a salvação de outro. 9. Que construções não são pontos de fé necessários a um cristão. 10. Como a fé e a justiça concorrem para a salvação.

---
[1] Capítulo correspondente ao Capítulo VI da Parte II do *De corpore politico*. (NT)

11. Que nas repúblicas cristãs a obediência a Deus e ao homem mantêm-se unidas. 12. Interpretação da opinião de que tudo o que é contra a consciência é pecado. 13. Que todos os homens confessam a necessidade de submeter controvérsias a alguma autoridade humana.
14. Que os cristãos sob um infiel estão desobrigados da injustiça de desobedecê-lo, naquilo que respeita à fé necessária à salvação, através da não resistência.

1. Tendo mostrado que em todas as repúblicas, quaisquer que sejam, a necessidade de paz e governo requer que exista algum poder, seja num homem, seja numa assembléia de homens, sob o nome de poder soberano, sendo que é ilegítimo para qualquer membro da mesma república desobedecê-lo, surge agora uma dificuldade que, se não for removida, tornará ilegítimo para um homem pôr a si mesmo sob o comando dessa soberania absoluta, como se requer aqui. A dificuldade é a seguinte: temos conosco a Palavra de Deus, regrando as nossas ações. Agora, se também nos submetermos aos homens, obrigando a nós mesmos a realizar certas ações tais como são por eles ordenadas, quando os comandos de Deus e dos homens vierem a se contradizer, deveremos obedecer a Deus em vez de aos homens; conseqüentemente, a convenção da obediência geral ao homem é ilegítima.

2. Esta dificuldade não tem sido tão antiga sobre o mundo. Não existia dilema desse tipo entre os judeus, pois para eles a lei civil e a lei divina eram uma e a mesma lei de Moisés; os intérpretes desta eram os sacerdotes, cujo poder estava subordinado ao poder do rei; dessa forma era o poder de Aarão com relação ao de Moisés. Nem é uma controvérsia o que tenha havido entre os gregos, romanos ou outros gentios. Pois entre estes, as suas diversas leis civis eram as regras pelas quais não apenas a honestidade e a justiça, mas também a religião e o culto exterior de Deus, que era *katà tà nómima*, ou seja, de acordo com as leis civis. Também aqueles cristãos que residem sob o domínio secular do bispo de Roma estão livres deste problema; pelo que permitem ao seu soberano que interprete as Escrituras, que são a lei de Deus, conforme ele pensaria ser o justo segundo seu próprio juízo. Essa dificuldade, portanto, permanece em meio àqueles cristãos (e perturba apenas a eles), a quem é permitido tomar como o sentido da Escritura aquilo que eles fazem a partir dela,

seja por sua própria interpretação particular, seja por uma interpretação tal como as que podem ser colocadas pela autoridade pública. Aqueles que seguem continuamente a sua própria interpretação pedem pela liberdade de consciência; e aqueles que seguem a interpretação de outros que não foram ordenados para isso pelo soberano da república requerem um poder em matéria de religião ou sobre o poder civil, ou que pelo menos não dependam dele.

3. Para abandonar esse escrúpulo de consciência acerca da obediência às leis humanas, entre aqueles que interpretam por si mesmos a palavra de Deus nas Sagradas Escrituras, proponho para a sua consideração, primeiro, que nenhuma lei humana intente obrigar a consciência de um homem, exceto a impedi-lo em sua ação, seja com a língua, seja com outra parte do corpo. A lei feita para aquilo seria sem efeito, porque nenhum homem é capaz de discernir, senão pela palavra ou outra ação qualquer, a lei a ser mantida ou quebrada. Nem os próprios apóstolos pretenderam o domínio sobre a consciência dos homens – mas apenas a persuasão e a instrução – acerca da fé que pregavam. E por essa razão são Paulo disse (2 Coríntios, cap. 1, v. 24), escrevendo aos coríntios acerca das controvérsias daqueles, que ele e os demais apóstolos *não tinham domínio sobre a sua fé, mas eram cooperadores no seu gozo.*

4. Quanto às ações dos homens que procedem de suas consciências, a regulação de tais ações é o único instrumento para a paz, caso eles não tenham podido se manter em justiça, ou tenha sido impossível essa justiça com relação a Deus e a paz no meio dos homens, devendo permanecer juntos naquela religião que nos ensina *que a justiça e a paz beijarão uma à outra;* no que nós possuímos tantos preceitos da obediência absoluta à autoridade humana, como temos, em Mateus, cap. 23, vv. 2-3, este preceito: *Na cadeira de Moisés estão assentados os escribas e fariseus. Observai, pois, e praticai tudo o que vos disserem.* E ainda assim não eram sacerdotes os escribas e fariseus, mas homens de autoridade secular. Novamente em Lucas, cap. 11, v. 17: *Todo o reino, dividido contra si mesmo, será assolado; e a casa, dividida contra si mesma, cairá;* e não é esse reino dividido contra si mesmo, onde as ações de cada um devem ser regradas pela sua própria opinião ou consciência, e ainda assim aquelas ações que levam às ofensas e à quebra da paz? De novo em Romanos, cap. 13, v. 5: *Portanto é necessário que lhes estejais sujeitos, não somente pelo castigo, mas também pela*

consciência. Tito, cap. 3, v. 1: *Admoesta-os a que se sujeitem aos principados e potestades*. 1 Pedro, cap. 2, vv. 13-14: *Sujeitai-vos pois a toda a ordenação humana por amor do Senhor: quer ao rei, como superior, quer aos governantes, como por eles enviados para castigo dos malfeitores*. Judas, v. 8: *Também estes, semelhantemente adormecidos, contaminam a sua carne, e rejeitam a dominação, e vituperam as dignidades*. E visto que assim como todos os súditos nas repúblicas estão no estado dos filhos e servos, aquilo que é um comando para eles é um comando para todos os súditos. Mas a estes são Paulo disse (Colossenses, cap. 3, vv. 20, 22): *Vós, filhos, obedecei em tudo a vossos pais: porque isto é agradável ao Senhor. Vós, servos, obedecei em tudo a vossos senhores segundo a carne, não servindo só na aparência, como para agradar aos homens, mas em simplicidade de coração, temendo a Deus*. E o v. 23: *E, tudo quanto fizerdes, fazei-o de todo o coração, como ao Senhor*. Consideradas estas passagens, parece estranho para mim que qualquer homem numa república cristã ache ocasião para negar sua obediência à autoridade pública, com base no fundamento de que *é melhor obedecer a Deus do que ao homem*. Pois embora são Pedro e os apóstolos tivessem assim respondido ao conselho dos judeus que proibiram a pregação do Cristo, não parece haver razão para que os cristãos possam alegar o mesmo contra os seus governantes cristãos, que lhes ordenam a pregação do Cristo. Para reconciliar esta contradição aparente entre a simples obediência a Deus e a simples obediência ao homem, devemos considerar um súdito cristão como submetido a um soberano cristão, ou a um infiel.

5. E sob um soberano cristão, nós devemos considerar quais ações nós somos proibidos por Deus Todo-Poderoso a obedecer, e quais não. As ações que estamos proibidos de obedecer são estas apenas, assim como implicam uma negação desta fé que é necessária à nossa salvação. Pois, ao contrário, não pode haver pretensão de desobediência, pois por que um homem incorreria no perigo de uma morte temporal pela ofensa ao seu superior, se não fosse por medo da morte eterna daí em diante. Portanto, deve ser questionado quais devem ser aquelas proposições ou preceitos cuja crença o nosso Salvador ou seus apóstolos declararam ser tais que, sem que se acredite nelas, um homem não pode ser salvo; e assim todos os demais pontos, que agora são controversos e causam a distinção das seitas entre os papistas, luteranos, calvinistas, arminianos, etc. (assim como nos antigos tempos, os mesmos distinguiram os paulinos, os apolonianos

e os cefasianos), precisam ser tais que homem algum necessita, para defendê-los, recusar sua obediência aos superiores. Quanto aos pontos da fé que são necessários à salvação, eu deverei chamá-los *fundamentais (fundamental)*, e todos os demais pontos, *construções (superstruction)*.

6. E sem todas as controvérsias, não existe um ponto mais necessário a ser crido para a salvação do homem do que este, que Jesus é o Messias, isto é, o Cristo. Esta proposição é explicada de diversas maneiras, mas é sempre a mesma em efeito, *tal como ele é o ungido de Deus,* pelo que é significada a palavra Cristo, *que ele era o verdadeiro e legítimo rei de Israel, o filho de Davi, o Salvador do mundo, o redentor de Israel, a salvação de Deus, aquele que viria ao mundo, o filho de Deus e, o que eu desejo que por aí seja notado, contra a atual seita dos arianos, o Filho gerado de Deus,* em Atos, cap. 3, v. 13, e Hebreus, cap. V, v. 5. *o Filho unigênito de Deus,* em João, cap. 1, vv. 14, 18; João, cap. 3, vv. 16, 18, 3; 1 João, cap. 4, v. 19. *Que ele era Deus,* em João cap. 1, v. 1; e cap. 20, v. 28. *Porque nele habita corporalmente toda a plenitude da divindade,* em Colossenses, cap. 2, v. 9. Além disso, *o Santo, o Santo de Deus, o perdoador dos pecados, aquele que ressuscitou da morte.* Estas são explicações, e partes daquele preceito geral, de *que Jesus é o Cristo*. Este ponto, portanto, e todas as explicações disso são fundamentais. Da mesma forma, tudo o que pode ser evidentemente inferido daí, como crer em Deus Pai: em João, cap. 12, v. 44, *Quem crê em mim, crê, não em mim, mas naquele que me enviou;* em 1 João, cap. 2, v. 23, *Qualquer que nega o Filho, também não tem o Pai.* Crer no Espírito Santo de Deus, de quem Cristo disse, em João, cap. 14, v. 26: *Mas aquele Consolador, o Espírito Santo, que o Pai enviará em meu nome;* e João, cap. 15, v. 26: *Mas, quando vier o Consolador, que eu da parte do Pai vos hei de enviar, aquele Espírito da verdade, que procede do Pai, testificará de mim.* Crer nas Escrituras, pelas quais acreditamos naqueles pontos e na imortalidade da alma, sem a qual nós não podemos acreditar nele enquanto um Salvador.

7. Assim são os pontos fundamentais da fé necessários à salvação; da mesma maneira são aqueles apenas necessários como matérias de fé, e apenas essenciais ao chamado de um cristão. Como pode parecer evidente por muitos lugares da Sagrada Escritura: João, cap. 5, v. 39: *Examinais as Escrituras, porque vós cuidais ter nelas a vida eterna, e são elas que de mim testificam.* Agora, visto que aqui se entende por Escritura o Antigo Testa-

mento (o Novo Testamento, então, ainda não havia sido escrito), a crença daquilo que foi escrito acerca do nosso Salvador no Antigo Testamento era crença suficiente para que se obtivesse a vida eterna; mas no Antigo Testamento não há nada que seja revelado acerca do Cristo, senão que ele é o Messias e aquelas coisas que pertencem aos pontos fundamentais dependentes daquilo. E portanto aqueles pontos fundamentais são suficientes à salvação, assim como à fé. Em João, cap. 6, 28-29: *Disseram-lhe pois: Que faremos, para executarmos as obras de Deus? Jesus respondeu, e disse-lhes: A obra de Deus é esta: Que creiais naquele que me enviou.* Assim, o ponto a ser acreditado é *que Jesus Cristo veio de Deus, e aquele que nele crê, realiza as obras de Deus.* Em João, cap. 11, vv. 26-27: *E todo aquele que vive, e crê em mim, nunca morrerá. Crês tu isto? Disse-lhe ela: Sim, Senhor, creio que tu és o Cristo, o Filho de Deus, que havia de vir ao mundo.* Daí se segue que aquele que isto crê, jamais morrerá. Em João, cap. 20, v. 31: *Estes, porém, foram escritos para que creiais que Jesus é o Cristo, o Filho de Deus, e para que, crendo, tenhais vida em seu nome.* Pelo que parece que este ponto fundamental é tudo o que se requer da fé para a nossa salvação. Em 1 João, cap. 4, v. 2: *Nisto conhecereis o Espírito de Deus: todo o espírito que confessa que Jesus Cristo veio em carne é de Deus.* Em 1 João, cap. 5, v. 1: *Todo aquele que crê que Jesus é o Cristo, é nascido de Deus,* e (v. 5) *Quem é que vence o mundo, senão aquele que crê que Jesus é o Filho de Deus?* e v. 13: *Estas coisas vos escrevi, para que saibais que tendes a vida eterna, e para que creiais no nome do Filho de Deus.* Atos, cap. 8, vv. 36-37: *E, indo eles caminhando, chegaram ao pé de alguma água, e disse o eunuco: Eis aqui água; que impede que eu seja batizado? E disse Felipe: É lícito, se crês de todo o coração. E, respondendo ele, disse: Creio que Jesus Cristo é o Filho de Deus.* Este ponto, portanto, seria suficiente para a recepção do homem no batismo, ou seja, à cristandade. Em Atos, cap. 16, vv. 29-31: *O carcereiro da prisão se prostrou ante Paulo e Silas e disse: Senhores, que é necessário que eu faça para me salvar? E eles disseram: Crê no Senhor Jesus Cristo.* E o sermão de são Pedro, no dia de Pentecostes, era nada mais que uma explicação de que Jesus era o Cristo. Em Atos, cap. 2, v. 38: *Arrependei-vos, e cada um de vós seja batizado em nome de Jesus Cristo, para perdão dos pecados.* Em Romanos, cap. 10, v. 9: *Se com a tua boca confessares ao Senhor Jesus, e em teu coração creres que Deus o ressuscitou dos mortos, serás salvo.* A estas passagens pode-se acrescentar que, seja onde for que o nosso Salvador, o Cristo, aprove a fé de algum homem, a proposição acreditada, caso seja encontrada fora do texto, é sempre alguns desses pontos fundamentais antes mencionados, ou alguma coisa equivalente. Assim como a fé do centurião (Mateus, cap. 8, v. 8): *Dize somente uma palavra, e o meu criado sarará*, acreditando que ele era onipotente. A fé da mulher, que tivera uma menstruação (Mateus, cap. 9, v. 21): *Se eu tão-somente tocar o seu vestido, ficarei sã*, querendo dizer que ele era o Messias. A fé requerida ao homem cego (Mateus, cap. 9, v. 28): *Credes vós que eu possa fazer isto?*, a fé da mulher cananéia (Mateus, cap. 15, v. 22), que ele era o *Filho de Davi*, significando o mesmo. E assim é em cada uma daquelas passagens, sem a exceção de nenhuma, onde nosso Salvador confia a fé de algum homem, as quais, porque são muitas para serem aqui inseridas, prefiro omitir, e submeto-as ao inquérito que não seria satisfeito de outra maneira. E assim como não é solicitada nenhuma outra fé, da mesma forma não existe nenhuma outra pregação. Afinal, os profetas do Antigo Testamento não pregaram outra, e João Batista pregou unicamente a proximidade ao reino dos céus, isto é, do reino de Cristo. O mesmo era a missão dos apóstolos (Mateus, cap. 10, v. 7): *E indo, pregai, dizendo: É chegado o reino dos céus*. E Paulo pregando em meio aos judeus (Atos, cap. 18, v. 5) não fez senão testemunhar no meio deles *que Jesus era o Cristo*. E os pagãos tiveram notícia dos cristãos não de outra maneira senão por este nome, que eles acreditavam que Jesus era um rei, gritando (Atos, cap. 17, vv. 6-7): *Estes que têm alvoroçado o mundo, chegaram também aqui; os quais Jason recolheu; e todos estes procedem contra os decretos de César, dizendo que há outro rei, Jesus*. Isso era a suma das predições, a suma das confissões daqueles que criam, tanto os homens quanto os demônios. Era este o título da sua cruz, *Jesus de Nazaré, rei dos judeus*; este, o momento da coroação de espinhos, do cetro de junco, e um homem carregando sua cruz; este era o tema das *Hosanas*; e este era o título pelo qual o nosso Salvador, ordenando que se tomassem os bens de outro homem, ordenou que dissessem: *O Senhor disso precisa*; e por este título ele purgou o templo do mercado profano que ali era mantido. Nem os próprios apóstolos acreditavam mais que *Jesus era o Messias*, nem o concebiam assim; pois eles pensavam o Messias como sendo nada mais que um rei secular, até depois da ressurreição do nosso Salvador. Além disso, este ponto, que Cristo é o Messias, é particularmente estabelecido como fundamental por aquela palavra, ou alguma outra equivalente a ela, em várias passagens. Sobre a confissão de Pedro (Mateus, cap. 16, v. 16): *Tu és o Cristo, o Filho do Deus vivo,* nosso Salvador (v. 18) disse: *Sobre esta pedra edificarei a minha Igreja.* Este ponto, portanto, é a completa fundação da Igreja de Cristo. São Paulo disse (Romanos, cap. 15, v. 20): *E desta maneira me esforcei por anunciar o evangelho, não onde Cristo houvera sido nomeado, para não edificar sobre fundamento alheio.* São Paulo (1 Coríntios, cap. 3, v. 10), quando repreendeu os coríntios por suas seitas e curiosas doutrinas e questões, ele distinguiu entre os pontos fundamentais e a construção; e disse, *Pus eu o fundamento, e outro edifica sobre ele; mas veja cada um como edifica sobre eles. Porque ninguém pode pôr outro fundamento, além do que já está posto, o qual é Jesus Cristo.* Em Colossenses, cap. 2, vv. 6-7: *Como, pois, recebestes o Senhor Jesus Cristo, assim também andai nele, arraigados e sobreedificados nele, e confirmados na fé.*

8. Tendo apresentado esta proposição, Jesus é o Cristo, como sendo o único ponto fundamental e necessário da fé, fixarei mais algumas passagens para mostrar que outros pontos, embora possam ser verdadeiros, não são tão necessários para a crença, como que um homem pode não ser salvo apesar não acredite neles. Em primeiro lugar, se um homem não pudesse ser salvo sem que em seu coração se assentasse a verdade sobre todas as controvérsias que atualmente causam agitação no que diz respeito à religião, não vejo como poderia se salvar quaisquer dos homens de hoje, tantas são as sutilezas e tão sedento é o saber para tornar-se um teólogo. Portanto, por que deveria algum homem pensar que o nosso Salvador, que (Mateus, cap. 11, v. 30) disse *que seu jugo é suave,* requereria uma matéria dessa dificuldade? ou quantas crianças pequenas dizem crer (Mateus, cap. 18, v. 6), ou quão poderia o bom ladrão ser considerado como catequizado o bastante sobre a cruz? ou são Paulo um cristão tão perfeito, logo após a sua conversão? e embora possa haver mais obediência requerida naquele que tem os pontos fundamentais explicados nele, do que naquele que recebeu o mesmo senão implicitamente, ainda aí não há mais fé requerida para a salvação num homem, do que noutro. Pois se for verdade que *Se com tua boca confessares ao Senhor Jesus, e em teu coração creres que Deus o ressuscitou dos mortos, serás salvo,* conforme Romanos, cap. 10, v. 9, e que *Todo aquele que crê que Jesus é o Cristo, é nascido de Deus,*[2] a crença deste

---

[2] 1 João, cap. 5, v. 1. (NT)

ponto é suficiente para a salvação de qualquer homem que seja, visto que ela diz respeito à fé. E dado que aquele que não acredita que *Jesus é o Cristo*, seja lá o que acreditar além disso, não pode ser salvo, segue-se que nada mais é requerido para a salvação de um homem do que outro, em matéria de fé.

9. Acerca destes pontos fundamentais há uma pequena controvérsia entre os cristãos, embora de uma maneira diferente das diversas seitas existentes entre eles. Portanto, as controvérsias de religião são totalmente acerca de pontos desnecessários à salvação; donde alguns são doutrinas nascidas dos raciocínios humanos, a partir dos pontos fundamentais. Por exemplo, certas doutrinas que dizem respeito à maneira da presença real na qual são misturados dogmas da fé acerca da onipotência e divindade do Cristo, com os dogmas de Aristóteles a dos peripatéticos acerca da substância e dos acidentes, espécies, hipóstases e a subsistência e migração de acidentes de um lugar a outro; algumas destas palavras são sem sentido, e nada mais do que cantilenas dos sofistas gregos. E estas doutrinas são expressamente consideradas em Colossenses, cap. 2, v. 8, onde após são Paulo ter-lhes exortado *a ficarem arraigados e sobreedificados em Cristo,* ele lhes deu o seguinte conselho: *Tende cuidado, para que ninguém vos faça presa sua, por meio de filosofias e vãs sutilezas, segundo a tradição dos homens, segundo os rudimentos do mundo.* E assim são tais doutrinas, como nascem de certas passagens das Escrituras, pois concernem não à fundação, pela razão natural dos homens; como sobre a concatenação das causas, e a maneira da predestinação de Deus, que são também misturados com a filosofia. Como se fosse possível aos homens que conhecem não de que maneira Deus vê, ouve ou fala, saibam contudo a maneira pela qual ele intende e predestina. Um homem, portanto, deve não examinar pela razão qualquer ponto ou desenhar qualquer conseqüência fora da Escritura por meio da razão, acerca da natureza de Deus Todo-Poderoso, algo de que a razão não é capaz. E portanto são Paulo (Romanos, cap. 12, v. 3) dá uma boa regra, *a cada um dentre vós que não saiba mais do que convém saber, mas que saiba com temperança.* O que não fazem aqueles que presumem fora da Escritura, por sua própria interpretação, criar alguma doutrina para o entendimento acerca daquelas coisas que são incompreensíveis. E toda essa controvérsia acerca da predestinação de Deus, e do livre arbítrio do homem, não é peculiar aos cristãos. Pois nós temos imensos

volumes a esse respeito, sob o nome de destino e contingência, disputados entre os epicuristas e os estóicos, e conseqüentemente isso não é matéria de fé, mas de filosofia. E assim são também todas as questões acerca de qualquer outro ponto, que não a fundação antes mencionada; e Deus recebe um homem, cuja parte da questão, qualquer que seja, ele defende. Era uma controvérsia nos tempos de são Paulo se um cristão gentio poderia comer livremente de qualquer coisa o que os cristãos judeus não podiam, e o judeu condenava o gentio que assim comia, ao qual são Paulo disse (Romanos, cap. 14, v. 3) *o que não come não julgue o que come; porque Deus o recebeu por seu.* E no v. 6, na questão acerca da observação dos dias sagrados, quanto ao que os gentios e os judeus diferiam, ele lhes disse: *aquele que faz caso do dia, para o Senhor o faz. Aquele que não faz caso do dia, para o Senhor não o faz.*[3] E aqueles que lutam acerca destas questões, e se dividem entre si em seitas, não podem portanto ser considerados zelosos da fé, pois a sua disputa é carnal, o que é confirmado por são Paulo (1 Coríntios, cap. 3, v. 4): *Porque, dizendo um: Eu sou de Paulo; e outro: Eu de Apolo; porventura não sois carnais?* Pois aquelas não são questões de fé, mas de sagacidade, na qual, carnalmente, os homens são inclinados a buscar o domínio de uns sobre os outros. Pois nada é verdadeiramente um ponto de fé, senão que *Jesus é o Cristo;* como são Paulo testemunhou (1 Coríntios, cap. 2, v. 2): *Porque nada me propus saber entre vós, senão a Jesus Cristo, e este crucificado.* E em 1 Timóteo, cap. 6, vv. 20-21: *Ó Timóteo, guarda o depósito que te foi confiado, tendo horror aos clamores vãos e profanos e às oposições da falsamente chamada ciência; a qual professando-a alguns, se desviaram da fé.* Em 2 Timóteo, cap. 2, v. 16: *Mas evita os falatórios profanos, etc.* Nos vv. 17-18: *Entre os quais são Himeneu e Fileto; os quais se desviaram da verdade, dizendo que a ressurreição era já feita.* Pelo que são Paulo mostrou que a produção de questões pelo raciocínio humano, embora trate dos próprios pontos fundamentais, não apenas não é necessária, mas é muito perigosa para a fé de um cristão. Saindo de todas estas passagens, eu esboço apenas esta conclusão em geral, que nem os pontos que agora são controversos no meio dos

---

[3] Hobbes alterou a forma do versículo; a citação integral é a seguinte: *Aquele que faz caso do dia, para o Senhor o faz. O que come, para o Senhor come, porque dá graças a Deus; e o que não come, para o Senhor não come, e dá graças a Deus.* (NT)

cristãos de diferentes seitas, ou em algum ponto que ainda venha a estar em controvérsia à exceção apenas daqueles que estão contidos neste preceito, *Jesus é o Cristo*, são necessários à salvação, e assim à fé; apesar de, em matéria de obediência, um homem poder ser obrigado a não se opor a isso.

10. Posto que para a obtenção da salvação, nada mais é requerido – como já foi declarado – fora das Sagradas Escrituras, como matéria de fé, senão a crença daqueles preceitos fundamentais acima estabelecidos, contudo, enquanto matéria de obediência, são requeridas outras coisas. Afinal, da mesma forma que não é suficiente, nos reinos seculares, evitar a punição que os reis podem infligir, reconhecer o direito e o título do rei, sem obediência também às suas leis, da mesma forma não será suficiente reconhecer nosso Salvador, o Cristo, como sendo o rei dos céus, no que consiste a fé cristã, a menos que também nos esforcemos por obedecer às suas leis, que são as leis do reino dos céus, no que consiste a obediência cristã. E visto que, assim como as leis do reino dos céus são leis de natureza – como foi dito na Parte I, capítulo V –, não apenas a fé, mas também a observação da lei de natureza (a qual é aquilo segundo o que um homem é denominado justo ou honesto, naquele sentido pelo qual é tomada a justiça não enquanto a ausência de culpa, mas enquanto o esforço e a vontade constante de fazer aquilo que é justo) não apenas a fé, mas esta justiça, a qual também do efeito desta, é chamada arrependimento, e algumas vezes obras, é necessária à salvação. Assim aquela fé e justiça concorrem ambas para isso; e nas várias aceitações da palavra justificação, ambas são ditas propriamente para justificar; e a falta de cada uma delas é propriamente dita para condenar. Pois não apenas aquele que resiste a um rei por duvidar do seu título, mas também aquele que faz isso por causa da desordem das suas paixões, merece uma punição. E quando a fé e as obras estão separadas, não apenas a fé diz-se morta sem as obras, mas também as obras se dizem obras mortas sem a fé. E por esse motivo são Tiago (cap. 2, v. 17) disse: *Assim também a fé, se não tiver as obras, é morta em si mesma;* e no v. 26: *Porque, assim como o corpo sem o espírito está morto, assim também a fé sem obras é morta.* E são Paulo (Hebreus, cap. 6, v. 1) chama as obras sem a fé de obras mortas, quando diz, *Não lançando de novo o fundamento do arrependimento de obras mortas e de fé em Deus.* E por estas obras mortas, entende-se não apenas a obediência e a justiça do homem interior, mas a *opus operatum*, ou ação exterior, que procede do

medo da punição ou da vã glória, e desejo dos homens de serem honrados. E estes podem ser separados da fé, e não conduzem por nenhum caminho à justificação do homem. E por esse motivo, são Paulo (Romanos, cap. 4) isenta a justiça da lei quanto a tomar parte da justificação do pecador. Pois pela lei de Moisés, que é aplicada às ações dos homens, e requerer a ausência de culpa, todos os homens vivos são responsáveis pela danação; e portanto nenhum homem pode ser justificado por suas obras, mas unicamente pela fé. Mas se as obras forem tomadas pelo esforço daqueles em fazer, isto é, se a vontade por tomada pela ação, ou a justiça interna pela externa, então o realizar obras contribui para a salvação. E então tem lugar aquilo que são Tiago disse (cap. 2, v. 24): *Vedes então que o homem é justificado pelas obras, e não somente pela fé*. E ambas levam juntas à salvação, como em são Marcos, cap. 1, v. 15: *Arrependei-vos, e crede no Evangelho*. E Lucas, cap. 18, vv. 18-22, quando um certo príncipe perguntou ao nosso Salvador o que ele deveria fazer para alcançar a vida eterna, ele lhe respondeu propondo que seguisse os mandamentos; e quando o príncipe disse que já os seguia, propôs-lhe ter fé, *Vende tudo quanto tens, e segue-me*. E João, cap. 3, v. 36: *Aquele que crê no Filho tem a vida eterna. E aquele que não crê no Filho não verá a vida*. Onde ele claramente coloca juntas a obediência e a fé. E Romanos, cap. 1, v. 17: *Mas o justo viverá da fé;* não qualquer um, mas o justo. Pois também *os demônios acreditam e estremecem*. Mas embora tanto a fé como a justiça (significando ainda por justiça não a ausência de culpa, mas as boas intenções da mente, que são chamadas honestidade por Deus, que toma a vontade pela ação) sejam ditas para justificar, ainda assim elas são partes no ato da justificação a ser distinguido. Pois a justiça é dita para justificar não porque absolva, mas porque ela o denomina justo, e o coloca num estado ou capacidade de salvação, sempre que ele tiver fé. Mas a fé é dita para justificar, isto é, para absolver, porque por meio dela um justo homem é absolvido, e são perdoadas as suas ações injustas. E assim são reconciliadas as passagens de são Paulo e são Tiago, *de que apenas a fé justifica, e que um homem não é justificado pela fé apenas;* e mostra como a fé e o arrependimento devem concorrer para a salvação.

 11. Consideradas estas coisas, aparecerá facilmente que sob o poder soberano de uma república cristã não existe perigo de danação a partir da simples obediência às leis humanas; pois naquilo que o soberano permite

a cristandade nenhum homem está compelido a renunciar à sua fé, que é suficiente para a sua salvação, isto é, os pontos fundamentais. E quanto aos outros pontos, visto que eles não necessários à salvação, se conformarmos nossas ações às leis, nós não apenas fazemos o que nós permitimos, mas também aquilo a que somos ordenados pela lei de natureza, que é a lei moral ditada pelo nosso próprio Salvador. E é parte dessa obediência que deve concorrer à nossa salvação.

12. E embora seja verdade que o que quer que um homem faça contra a sua consciência é um pecado, ainda assim a obediência, nestes casos, não é nem pecado, nem é contra a obediência. Pois a consciência, sendo nada mais do que o julgamento e a opinião afirmados de um homem, uma vez que ele transfere a outrem o seu direito de julgar, que aquilo deverá ser comandado, é não menos o seu julgamento do que o julgamento daquele outro. De modo que na obediência às leis um homem ainda está de acordo com a sua própria consciência, mas não com sua consciência particular. E tudo o que for feito de contrário à consciência particular, isso é um pecado, quando as leis o deixaram à própria liberdade, e nada além. E qualquer coisa então que um homem venha a fazer, não apenas acreditando que é algo mal feito, mas duvidando se aquilo pode ser mau ou não, é mal feito, no caso em que ele pode legitimamente omitir a ação.

13. E assim como foi provado antes que um homem deve submeter a sua opinião em matéria de controvérsia à autoridade da república, da mesma forma o mesmo é confessado pela prática de cada um daqueles que, ao contrário, o negam. Pois quem está aí diferindo em opinião de outrem, e considerando a si mesmo como sendo o correto e o outro o errado, que não o consideraria razoável se ele fosse da mesma opinião que o estado inteiro permite, que o outro deva submeter aí a sua opinião; ou que poderia não estar contente se não que um ou poucos homens, ainda todos os santos de uma nação inteira, ou ao menos uma assembléia de todos que ele aprecia, deveria ter o poder de decidir sobre todas as controvérsias de religião? ou, quem é que aí não poderia estar contente, para submeter suas opiniões, seja para o papa ou a um conselho geral, ou a um conselho provincial, ou a um presbitério de sua própria nação? E ainda em todos estes casos, ele submete a si mesmo a uma autoridade não maior do que a humana. Nem pode um homem ser dito como submetendo a si

mesmo à Sagrada Escritura, que não faz com que ele se submete a algum ou outro para a interpretação disso. Ou, por que deveria aí existir algum governo eclesiástico absolutamente instituído se a própria Escritura não realizasse o ofício de juiz nas controvérsias de fé? Mas a verdade é evidente, pela experiência contínua, de que os homens buscam não apenas a liberdade de consciência, mas de suas ações; não aquilo apenas, mas uma liberdade ulterior de persuadir a outrem em favor das suas opiniões; não aquilo apenas, pois todo homem deseja que a autoridade soberana não deva admitir outras opiniões além daquelas que ela mesma defende.

14. A dificuldade, portanto, em obedecer tanto a Deus quanto aos homens numa república cristã não existe. Toda a dificuldade resta neste ponto se aquele que recebeu a fé de Cristo, tendo antes se submetido à autoridade de um infiel, está desobrigado de sua obediência a este, ou se não, nas matérias de religião. Neste caso, parece razoável pensar que desde que todas as convenções de obediência são firmadas para a preservação da vida humana, se um homem estiver satisfeito em não resistir ao sacrifício da sua vida em vez de obedecer aos comandos de um infiel, só num caso tão difícil ele estaria desobrigado suficientemente daquilo. Pois nenhuma convenção obriga além do que ao empenho; e se um homem não é capaz de assegurar por si mesmo o cumprimento de um justo dever, quando por isso ele é prometido à morte presente, muito menos pode se esperar que esse homem venha a cumpri-lo, pois que ele acredita que o seu coração será eternamente castigado. E isso basta acerca do escrúpulo de consciência, que pode surgir acerca da obediência às leis humanas, naqueles que interpretam a lei de Deus por si mesmos. Resta para remover o mesmo escrúpulo daqueles que submetem aos outros as suas controvérsias, não ordenados para isso pelo poder soberano. E isso eu tratarei no capítulo seguinte.

ELEMENTOS DA LEI NATURAL E POLÍTICA
PARTE II, CAPÍTULO VII
OU DO CORPO POLÍTICO
PARTE II, CAPÍTULO VII

Que os súditos não são obrigados a seguir o juízo de qualquer autoridade em controvérsias de religião que não dependem do poder soberano[1]

1. Expõe-se a questão de quem são os magistrados no reino de Cristo. 2. A questão exemplificada nas controvérsias entre Moisés e Aarão, e entre Moisés e Corá. 3. Em meio aos judeus, o poder secular e espiritual está na mesma mão. 4. Paralelo entre os doze príncipes de Israel e os doze apóstolos. 5. Paralelo entre os setenta anciãos e os setenta discípulos. 6. A hierarquia da Igreja no tempo do nosso Salvador consistia nos doze e nos setenta. 7. Por que o Cristo não ordenou que os sacerdotes fizessem sacrifícios, mas Moisés sim. 8. A hierarquia da Igreja ao tempo dos apóstolos, os apóstolos, os bispos e os padres. 9. A pregação do evangelho não era o comando, mas a persuasão. 10. A excomunhão. Os soberanos são governantes eclesiásticos imediatos abaixo do Cristo. 11. Que nenhum homem possui qualquer pretexto justo de religião contra a obediência à república. Deus fala ao homem através dos seus vice-regentes.

---

[1] Capítulo correspondente ao Capítulo VII da Parte II do *De corpore politico*.

1. No último capítulo nós removemos todas aquelas dificuldades que se opunham à nossa obediência à autoridade humana, que surgem dos equívocos com respeito ao título e às leis do nosso Salvador, sendo que o primeiro destes, a saber, o título, consiste em nossa fé; e o último, na nossa justiça. Agora, aqueles que discordam entre si mesmos não no que respeita ao seu título e leis, podem contudo ter opiniões diferentes acerca dos magistrados, e a autoridade que eles lhes deram. E essa é a causa por que muitos cristãos têm negado obediência aos seus príncipes, pretendendo que o nosso Salvador, o Cristo, não deu sua magistratura a eles, mas a outros. Por exemplo: alguns dizem que foi ao papa, universalmente; alguns, que foi a um sínodo aristocrático; outros, a um sínodo democrático em cada república diferente; e os magistrados de Cristo sendo aqueles por meio de quem ele fala, a questão é se ele fala a nós por intermédio do papa, ou por convocações de bispos e ministros, ou por intermédio daqueles que detêm o poder soberano em cada república.

2. Essa controvérsia foi a causa daquelas duas rebeliões que ocorreram contra Moisés no deserto. A primeira, causada por Aarão e sua irmã Miriam, que levantou-se contra eles a fim de censurar Moisés, por este ter-se casado com uma mulher etíope. E o estado da questão entre eles e Moisés, eles estabeleceram nestas palavras (Números, cap. 12, v. 2): *Porventura falou o Senhor somente por Moisés? não falou também por nós? E o Senhor o ouviu, etc.*, e puniu o mesmo em Miriam, perdoando Aarão após o arrependimento deste. E este é o caso de todos aqueles que erguem o sacerdócio contra a soberania. A outra rebelião foi a de Corá, Datã e Abirã, os quais, com duzentos e cinqüenta capitães, se reuniram todos contra Moisés e Aarão. O estado da sua controvérsia era este, *se Deus não estava com a multidão da mesma forma que estava com Moisés, e se cada homem era tão santo quanto ele*. Pois (Números, cap. 16, v. 3) assim diziam eles, *Demais é já, pois que toda a congregação é santa, todos eles são santos, e o Senhor está no meio deles; por que, pois, vos elevais sobre a congregação do Senhor?* E este é o caso daqueles que erguiam suas consciências particulares, e uniam a si mesmos para tirar o governo da religião das mãos daquele ou daqueles que detêm o poder soberano da república. Já este muito agradava a Deus, como mostra o castigo terrível que foi infligido a Corá e seus comparsas.

3. No governo, pois, de Moisés não existia poder nem civil nem espiritual, que não era derivado dele. Nem no Estado de Israel sob os reis

havia qualquer poder terreno pelo qual aqueles reis pudessem compelir a alguma coisa ou algum súdito se permitisse resistir a eles em qualquer caso que fosse. Pois embora os profetas, por apelação extraordinário, por repetidas vezes os admoestassem e ameaçassem, ainda assim eles não tinham autoridade sobre eles. Portanto, entre os judeus, o poder espiritual e secular estava sempre na mesma mão.

4. Nosso Salvador, o Cristo, da mesma forma que em particular era o justo rei dos judeus, era também o rei dos céus, ao ordenar os magistrados recebia aquela forma de política que era usada por Moisés. De acordo com o número de filhos de Jacó, Moisés, por ordenamento de Deus (conforme Números, cap. 1, v. 4), chamou a seu encargo doze homens, cada um dos quais se tornou chefe de uma tribo, que deveriam assisti-lo no ajuntamento de Israel. E estes doze, conforme o v. 24, são chamados os *príncipes de Israel, doze homens; cada um era pela casa de seus pais;* os quais eram ditos também (Números, cap. 7, v. 2) *os cabeças da casa de seus pais, os que foram príncipes das tribos, que estavam sobre os que foram contados.* E cada um destes era igual entre si. De uma maneira semelhante, nosso Salvador chamou para si doze apóstolos, que seriam próximos a ele em autoridade, de quem ele disse (Mateus, cap. 19, v. 28): *Quando, na regeneração, o Filho do homem se assentar no trono da sua glória, também vos assentareis sobre doze tronos, para julgar as doze tribos de Israel.* E com respeito à igualdade dos doze apóstolos entre si, nosso Salvador disse (Mateus, cap. 20, v. 25): *Bem sabeis que pelos príncipes dos gentios são estes dominados, etc.* No v. 26: *Não será assim entre vós; mas todo aquele que quiser entre vós fazer-se grande seja vosso serviçal.* E em Mateus, cap. 23, v. 11: *O maior dentre vós será vosso servo.* E um pouco antes, no v. 8: *Não queirais ser chamados Rabi, porque um só é vosso Mestre, a saber, o Cristo, e todos vós sois irmãos.* E em Atos, cap. 1, na escolha de Matias como um dos apóstolos, embora são Pedro tenha feito a parte de um *presidente* (*prolocutor*), ainda assim nenhum homem lhe atribuiu a autoridade para eleger, mas antes aquela escolha foi feita por sorteio.

5. Novamente, Moisés teve o comando de Deus em Números, cap. 11, v. 16: *Ajunta-me setenta homens dos anciãos de Israel, de quem sabes que são anciãos do povo, e seus oficiais; e os trarás perante a tenda da congregação, etc.* E Moisés, no v. 24, agiu conforme a isso. E aqueles foram escolhidos para ajudar Moisés na manutenção das obrigações do go-

verno, como é evidente pelo v. 17 do mesmo capítulo. E assim como os doze príncipes das tribos coincidiam com o número de filhos de Jacó, da mesma forma os setenta anciãos coincidiam com o número de pessoas que vieram do Egito com Jacó. De maneira semelhante, o nosso Salvador em seu reino dos céus, a Igreja, dentre aqueles todos que nele acreditavam ordenou setenta pessoas, que peculiarmente foram chamadas "os setenta discípulos", aos quais ele deu poder para pregar o evangelho e batizar.

6. Portanto, nos tempos do nosso Salvador, a hierarquia da Igreja consistia (ao lado dele mesmo, que era a cabeça) de doze apóstolos, que eram iguais entre si, mas ordenavam a outros, como se fossem as doze cabeças das tribos; e de setenta discípulos, cada um dos quais tinha poder para batizar e ensinar, além de ajudar no governo de todo o rebanho.

7. Considerando que na república instituída por Moisés não havia apenas um sumo sacerdote para o presente, mas também uma sucessão e ordem de sacerdotes, pode-se perguntar: Por que o nosso Salvador, o Cristo, não ordenou o mesmo? Ao que se pode responder que o sumo sacerdote, à medida que diz respeito a autoridade daquele, estava na pessoa do Cristo, assim como ele era o Cristo, que é rei. Assim também era no caso de Moisés, em que Aarão detinha apenas a parte ministerial. Pois não obstante Aarão ser o sumo sacerdote, ainda assim a sua consagração cabia (Êxodo, cap. 29, v.1) a Moisés. Todos os utensílios do sacrifício, e outros objetos sagrados eram solicitados por Moisés; e em suma, toda a lei levítica foi entregue por Deus por meio das mãos de Moisés, que era um Deus para Aarão, assim como Aarão era uma boca para ele. E quanto à parte ministerial, nenhum sumo sacerdote poderia ser ordenado senão por si mesmo, pois visto que o nosso Salvador era ele próprio o sacrifício, quem além dele mesmo poderia lhe realizar as oferendas? Quanto à celebração daquele sacrifício para todo o sempre, o nosso Salvador anexou o sacerdócio daqueles a quem ele apontou para dirigir a Igreja.

8. Depois da ascensão do nosso Salvador os apóstolos se dispersaram para a divulgação do evangelho, e continuamente assim como eles convertiam certo número de homens em cada cidade ou região para a fé, eles escolhiam alguém que, como eles, pregava de maneira apropriada, para dirigi-los em matéria de convivência e vida, de acordo com a lei de Cristo, e para explicar junto a eles, o mistério de Cristo ter vindo em corpo, ou seja, esclarecer completamente junto a eles o ofício do Messias.

E daqueles anciãos, alguns eram subordinados a outros, conforme consideravam apropriado os apóstolos, que os haviam ordenado. Assim são Paulo deu poder a Tito para ordenar anciãos em Creta, e para corrigir tudo que fosse incorreto. Dessa forma Tito era tanto um ancião quanto ordenava os anciãos (Tito, cap. 1, v. 5): *Por esta causa te deixei em Creta para que pusesses em boa ordem as coisas que ainda restam, e de cidade em cidade estabelecesses presbíteros;* onde a palavra usada é *katastéseis*, que significa constituir; pelo que fica evidente que ao tempo dos apóstolos, um ancião tinha autoridade sobre outro para ordenar e dirigi-los. Como em I Timóteo, cap. 5. v. 19, onde Timóteo, um ancião, torna-se juiz de acusações contra outros anciãos e em Atos cap. 14, v. 23, os discípulos são chamados a ordenar os anciãos, para todas as congregações das cidades em que eles haviam pregado. E embora a palavra usada seja *keirotonésantes*, ainda assim não significa eleição por votação coletiva, mas simples e absolutamente uma ordenação. Quanto à escolha ordinária dos magistrados entre os gregos, que eram governados ou popularmente, ou por oligarquia, era realizada pela votação coletiva, devendo aquela palavra ser simplesmente tomada como uma eleição ou ordenação, não importa como seja feita. E assim, na Igreja primitiva, a hierarquia da Igreja era formada pelos apóstolos, pelos anciãos que dirigiam outros anciãos, e pelos anciãos que não dirigiam, mas tinham por ofício a pregação, a administração dos sacramentos, a prestação de louvores e agradecimentos em nome do povo. Mas naquele tempo ainda não havia distinção evidente entre os nomes de bispo e ancião. Mas logo após o tempo dos apóstolos, a palavra bispo foi tomada como significando um ancião que tinha governo sobre os demais, e os outros anciãos passaram a ser chamados padres, nome que significa o mesmo que ancião. E assim, o governo dos bispos tem um padrão divino nos doze príncipes e setenta anciãos de Israel, nos doze apóstolos e setenta discípulos do nosso Salvador, ao dirigirem ou não dirigirem os anciãos, no tempo dos apóstolos.

9. E isso basta acerca dos magistrados sobre o rebanho de Cristo na Igreja primitiva. Pois o ofício de um ministro, ou ministros, era estar sujeito ao rebanho, e a servi-lo naquelas coisas que dizem respeito aos seus assuntos seculares. A próxima coisa a ser considerada é a autoridade que o nosso Salvador lhes dera, sobre aqueles a quem eles tinham convertido, ou sobre aqueles a quem eles converteriam. E para estes últimos, como

eles ainda estavam sem a Igreja, a autoridade que o nosso Salvador deu aos seus apóstolos era nada mais do que pregar no meio deles que Jesus era o Cristo, e a explicar o mesmo em todos os pontos que dizem respeito ao reino dos céus, e a persuadir os homens a abraçar a doutrina do nosso Salvador, mas não por meios que forcem qualquer homem a se sujeitar a essas coisas. Pois visto que as leis do reino dos céus – como foi mostrado na parte I, capítulo V, seção 10 – são ditadas para a consciência apenas, que não está sujeita à compulsão ou à coação, não seria congruente ao estilo do Rei dos Céus coagir os homens a submeterem suas ações a ele, mas antes apenas orientá-los; nem para aquele que professa que a essência da sua lei é o amor, para obter algum dever de nós por meio do medo de um castigo terreno. Portanto, assim como os muitos homens no mundo que mantêm os outros em sujeição por meio da força são chamados na Escritura pelo nome de caçadores, da mesma forma o nosso Salvador denominou *pescadores* àqueles a quem apontou para colher o mundo até ele, por meio repressão de suas afecções. E portanto ele disse a Pedro e a André (Mateus, cap. 4, v. 19): *Vinde após mim e eu os farei pescadores de homens.* E em Lucas, cap. 10, v. 3: *Ide,* disse o Cristo, *eis que vos mando como cordeiros ao meio de lobos.* E não haveria finalidade em lhes dar o direito de compelir, sem que os mesmos fossem fortalecidos com um poder maior do que o de cordeiros ao meio de lobos. Além disso, em Mateus, cap. 10, onde o nosso Salvador dá uma missão aos seus apóstolos, para ir e converter as nações à fé, ele não lhes deu nenhuma autoridade para coagir ou punir, mas apenas disse (vv. 14-15): *E, se ninguém vos receber, nem escutar as vossas palavras, saindo daquela casa ou cidade, sacudi o pó dos vossos pés. Em verdade vos digo que, no dia do juízo, haverá menos rigor para o país Sodoma e Gomorra do que para aquela cidade.* Pelo que é evidente que tudo aquilo que os apóstolos podiam fazer por sua autoridade não era mais do que renunciar à comunhão com eles, e deixar sua punição a cargo de Deus Todo-Poderoso, no dia do juízo. Da mesma forma, as comparações do reino dos céus, com uma semente (Mateus, cap. 13, v. 3), e com o fermento (Mateus, cap. 13, v. 33), nos insinuam que o crescimento daquele reino deve proceder da operação interna da palavra de Deus pregada, e não de qualquer lei ou compulsão por parte daqueles que a pregam. Ademais, mesmo o nosso Salvador disse (João, cap. 18, v. 36): *O meu reino não é deste mundo;* e conseqüentemente, os seus magistrados derivam não dele qualquer autoridade de punir os homens neste mundo. E portanto também (Mateus, cap. 26, v. 52), após são Pedro ter empunhado uma espada em sua defesa, o nosso Salvador disse: *Mate no seu lugar a tua espada; porque todos os que lançarem mão da espada à espada morrerão.* E no v. 54, *Como pois se cumpririam as escrituras, que dizem que assim convém que aconteça?*, mostrando a partir das escrituras que o reino do Cristo não deveria ser defendido através da espada.

10. Mas com respeito à autoridade dos apóstolos ou bispos sobre aqueles que já estavam convertidos e dentro da Igreja, ela deveria ser considerada maior sobre eles do que sobre aqueles que estavam de fora. Pois alguém disse (Belarmino, *Lib. de Rom. Pont.*, cap. 29), *que embora a lei de Cristo não prive o príncipe do seu domínio, e Paulo corretamente apelou a César, enquanto os reis fossem infiéis e estivessem fora da Igreja; ainda quando eles se tornassem cristãos, e por sua própria vontade recebessem as leis do evangelho, tal como uma ovelha diante de um pastor, ou como membros diante da cabeça, eles se tornariam sujeitos ao prelado da hierarquia eclesiástica.* O que, seja verdade ou não, deve ser considerado por aquela luz que nós recebemos da Sagrada Escritura, acerca do poder do nosso Salvador e seus apóstolos, sobre todos aqueles que eles converteram. Mas o nosso Salvador, como se imitasse a república dos judeus em seus magistrados, os doze e os setenta, também fazia com respeito a censura da Igreja, por meio da excomunhão; mas no meio dos judeus, a Igreja colocava os excomungados para fora da congregação, o que eles podiam fazer em função do seu poder secular; nosso Salvador e seus apóstolos, contudo, que não exerciam sobre eles tal poder, não poderiam proibir o excomungado de entrar em qualquer lugar e congregação, no qual tivesse a permissão de entrar dada pelo príncipe ou soberano do local. Pois isso seria privar o soberano da sua autoridade. Portanto, a excomunhão de uma pessoa sujeita a um poder terreno era somente a declaração da Igreja, a autora da excomunhão, de que o excomungado deveria ainda ser considerado um infiel, e não que deveria por sua autoridade ser recusado por qualquer companhia em que pudesse ingressar legalmente. E é isto que o nosso Salvador disse (Mateus, cap. 18, v. 17): *Se ele não escutar a Igreja, considera-o como um gentio e publicano.* De modo que o efeito integral da excomunhão de um príncipe cristão nada mais é do que aquele ou aqueles que assim o excomungaram se retiram ou exilam a si mesmos do seu

domínio. Nem podem eles além disso desobrigar qualquer um dos seus súditos de obedecê-lo, pois isso seria privá-lo do seu domínio, o que eles não podem fazer, por estarem fora da Igreja. É confessado por aqueles que fazem esta objeção, e provado na última seção, que o nosso Salvador não deu autoridade aos seus apóstolos para serem juízes sobre aqueles. E assim em nenhum caso pode o poder soberano de uma república estar sujeito a uma autoridade eclesiástica, além daquela do próprio Cristo. E embora ele tenha noção do reino dos céus, e sujeite a si mesmo àquilo pelas persuasões dos eclesiásticos, nem com isto ele se torna sujeito ao seu governo e mando. Pois se fosse pela própria autoridade deles que ele seria submetido, e não pela persuasão deles, então pela mesma autoridade ele poderia ser renegado. Mas isto é ilegítimo. Pois se todas as Igrejas no mundo pudessem renunciar a fé cristã, ainda assim não haveria autoridade o bastante para qualquer dos seus membros fazer o mesmo. Portanto, é evidente que aqueles que detêm o poder soberano são mandantes imediatos da Igreja sob Cristo, e todos os demais são subordinados a eles. Se assim não fosse, mas se os reis pudessem comandar uma coisa sob a ameaça de morte, e os padres outra, sob a ameaça de danação, seria impossível que a paz e a religião pudessem se unir.

11. Portanto, nenhum homem tem justa causa para negar sua obediência ao poder soberano, sem pretender que Cristo tenha ordenado algum estado eclesiástico sobre aquele e embora os reis não tomem para si o sacerdócio ministerial, ainda assim eles não são meramente laicos, assim como não possuem jurisdição sacerdotal. Para concluir este capítulo, já que Deus não fala atualmente a nenhum homem acerca da sua interpretação particular das Escrituras, nem da sua interpretação de qualquer poder superior ou não dependente do poder soberano de qualquer república, resta que ele fale aos seus vice-reis, ou representantes aqui na terra, ou seja, por intermédio dos reis soberanos, ou quem quer que como eles detenha a autoridade soberana.

ELEMENTOS DA LEI NATURAL E POLÍTICA
PARTE II, CAPÍTULO VIII
OU DO CORPO POLÍTICO
PARTE II, CAPÍTULO VIII

DAS CAUSAS DA REBELIÃO[1]

1. As coisas que levam à rebelião: o descontentamento, a pretensão e a expectativa de êxito. 2. O descontentamento que leva à sedição consiste parcialmente em medo da miséria ou da punição. 3. Parcialmente, em ambição. 4. Seis casos de pretensão à rebelião. 5. O primeiro deles, que os homens não têm a obrigação de fazer nada contra a sua consciência; refutado. 6. O segundo, que os soberanos estão sujeitos às suas próprias leis; refutado. 7. O terceiro, que a soberania é divisível; refutado. 8. O quarto, que os súditos têm uma propriedade distinta do domínio do soberano; refutado. 9. O quinto, que o povo é uma pessoa distinta do soberano; refutado. 10. O sexto, que o tiranicídio é legítimo; refutado.

11. Quatro casos de expectativa de êxito na rebelião. 12. Duas coisas necessárias para um autor de rebelião: muita eloqüência e pouca sabedoria. 13. Que os autores de rebelião necessariamente são homens de pouca sabedoria. 14. Que os mesmos são necessariamente eloqüentes.

15. De que maneira eles concorrem para os seus efeitos comuns.

---

[1] Capítulo correspondente ao Capítulo VIII da Parte II do *De corpore politico;* seu objeto é também tratado no Capítulo XII ("Das causas internas que tendem à dissolução do governo") da Parte II ("Domínio") do tratado *Do cidadão*, e no Capítulo XXIX ("Das coisas que enfraquecem, ou levam à dissolução de uma república") da Parte II ("Da república") do *Leviatã*. (NT)

1. Até agora, vimos as causas pelas quais, e a maneira como, os homens constituem a república. Neste capítulo, eu apresentarei brevemente por quais causas e de que maneira eles a destroem; não significando com isso dizer qualquer coisa acerca da dissolução de uma república graças às invasões estrangeiras, o que seria a morte violenta daquela. Eu falarei apenas da sedição, que é também uma morte da república, mas semelhante àquela que ocorre a um homem que morre por doença ou destempero. Três coisas concorrem para levar os homens à sedição. A primeira é o descontentamento, pois enquanto um homem pensa bem de si mesmo, e também que o governo atual não lhe proporciona um caminho pelo qual ir do bom para o melhor, é impossível para ele desejar a mudança disso. O segundo é a pretensão de direito, pois enquanto um homem for descontente, ainda assim se em sua própria opinião, não houver justa causa para mover-se contra ou resistir ao governo estabelecido, nem qualquer pretexto para justificar sua resistência e obter auxílio, ele jamais a revelará. O terceiro é a expectativa de êxito, pois se fosse loucura esforçar-se sem expectativa, pois, ao falhar, morrerá como deve morrer um traidor. Sem estes três, descontentamento, pretensão e expectativa, não pode haver rebelião. E quando estes ocorrem juntos, nada mais é preciso para que ela ocorra, senão um homem de valor para erguer o estandarte e soar a trombeta.

2. Quanto ao descontentamento, ele é de dois tipos. Pois que consiste ou numa dor corporal presente ou expectada, ou ainda numa confusão da mente; o que é a divisão geral dos prazeres e das dores, segundo o Tratado da natureza humana, capítulo VII, seção 9. A presença da dor corporal não leva à sedição; é o medo dela que o faz. Por exemplo, quando uma grande multidão ou montante de pessoas concorre num crime que merece a morte, elas se agrupam e tomam as armas para defender a si mesmas do medo daquela. Da mesma forma, o medo da miséria, ou na miséria presente, o medo dos arrestos e da prisão levam à sedição. E portanto, as grandes extorsões, embora tenham seu direito reconhecido, sempre causaram grandes sedições. Tal como no tempo de Henrique VII, quando das sedições dos córnicos, que recusavam pagar impostos e, sob a condução de Lorde Audley, entraram em batalha com o rei em Blackheath; e quando do povo nórdico, que ao tempo daquele mesmo rei, assassinou o Conde de Northumberland em sua própria casa, ao demandar um imposto concedido pelo parlamento.

3. Em terceiro lugar, o outro tipo de descontentamento, que traz confusão à mente àqueles que de outra maneira viveriam facilmente, sem o medo da miséria, ou o perigo da violência, surge apenas de uma sensação da falta daquele poder e daquela sua honra e testemunho, os quais eles consideram que lhes são devidos. Pois todas as alegrias e tristezas da mente consistem (como foi dito no *Tratado da natureza humana*, cap. IX, seç. 21) numa contenção por antecipação daqueles com quem eles comparam a si próprios; tais homens precisam vê-los diminuídos, e se afetar com esse estado, encontrando a si mesmos superiores àqueles em honra, a quem eles pensam exceder em virtude e habilidade para governar. E é por isso que eles consideram aqueles como escravos. Agora, visto que a liberdade (*freedom*) não pode permanecer junto da sujeição, a liberdade (*liberty*) numa república nada mais é do que governo e regra, a qual, por não poder ser dividida, os homens devem expectar em comum; e isso não pode acontecer senão num Estado popular, ou democracia. De modo que Aristóteles disse bem (no livro VI, cap. II, da sua *Política*) que *o fundamento e a intenção de uma democracia é a liberdade* (*liberty*). O que ele confirma por essas palavras: *Pois os homens ordinariamente dizem isto, que nenhum homem pode partilhar da liberdade, senão unicamente numa república* (*commonwealth*) *popular*. Portanto, num Estado monárquico, quem quer que clame pela liberdade, clama (se disso pudesse ser feita uma construção mais sólida) ter a soberania a seu favor, ou ser colega daquele que a tem, ou ter a monarquia transformada numa democracia. Mas se o mesmo pode ser construído, com o perdão desta expressão inábil, de acordo com a intenção daquele que clama, então por meio disso ele clama não mais do que o seguinte: que o soberano possa ter noção de sua habilidade e mérito, a fim de colocá-lo num ofício ou posto de governo subordinado, ao invés de fazê-lo com outros que merecem menos. E assim como um clama da mesma forma um outro o faz, pois cada homem considera que seu próprio mérito é o maior. E entre todos aqueles que pretendem ou ambicionam aquela honra, apenas uns poucos podem ser agraciados, a menos que estejamos numa democracia; os demais, portanto, permanecerão descontentes. Isso basta acerca da primeira coisa que leva à rebelião, a saber, o descontentamento, que consiste em medo e ambição.

4. A segunda coisa que leva à rebelião é a pretensão de direito. Essa se dá quando os homens têm uma opinião ou pretendem ter uma opi-

nião, de que em certos casos eles podem legitimamente resistir àquele ou aqueles que detêm o poder soberano, ou privá-los dos meios de executar esse poder. Existem seis casos especiais para tais pretensões. Um é quando o comando é contrário à consciência deles, e eles acreditam que é ilegítimo para um súdito sob o comando do poder soberano fazer alguma ação, que ele em sua própria consciência não considera legítima de ser feita; ou para deixar de fazer alguma ação, que ele não considera legítimo omitir. Outro caso se dá quando o comando é contrário às leis, e eles pensam o poder soberano de certo modo obrigado às suas próprias leis, da mesma forma que o súdito o é; e que quando ele não cumpre o seu dever, eles podem resistir ao seu poder. Um terceiro caso se dá quando eles recebem comandos de algum homem ou alguns homens, e um *substituto* para o mesmo vindo de outrem, e consideram igual a sua autoridade, como se o poder soberano estivesse dividido. Um quarto caso se dá quando eles são ordenados a contribuir com suas pessoas ou seu dinheiro ao serviço público, e acham que têm uma propriedade no mesmo domínio distinta do domínio do poder soberano; e que, por esse motivo, eles não são obrigados a contribuir com seus bens ou pessoas, não mais do que qualquer homem achar por si mesmo apropriado. Um quinto caso se dá quando os comandos parecem prejudiciais ao povo; aí cada um deles pensa que a opinião e o sentimento do povo é o mesmo que a opinião dele próprio, e que aqueles estão em consenso com eles; chamando pelo nome de povo, qualquer multidão da sua própria facção. O sexto caso se dá quando os comandos são atrozes, e eles consideram um tirano aquele que ordena coisas atrozes; e o tiranicídio, isto é, o assassínio de um tirano, não apenas é legítimo, mas também louvável.

5. Todas essa opiniões são afirmadas nos livros dos dogmáticos, e vários dentre estes ensinam nas cadeiras públicas, e entretanto são deveras incompatíveis com a paz e o governo, e contraditórios às regras necessárias e demonstráveis do mesmo. Quanto à primeira opinião, a saber, que um homem pode legitimamente fazer ou deixar de fazer qualquer coisa contrária à sua consciência e a partir daí causar quaisquer sedições acerca da religião e do governo eclesiástico, foi amplamente declarado nos dois últimos capítulos quão errônea é esta opinião. Pois estes dois capítulos esgotaram completamente, para provar, que a religião cristã não apenas não proíbe, mas também ordena, que, em toda república, todos os súditos

obedeçam em todas as coisas, com o máximo do seu poder, os comandos daquele ou daqueles que forem seus soberanos, e que um homem, por assim obedecer de acordo com sua consciência e julgamento, depositou o seu julgamento em todas as controvérsias nas mãos do poder soberano e que esse erro procede da ignorância daquilo que e através de quem o Deus Todo-Poderoso fala.

6. Quanto à segunda opinião, que é seguinte, que o soberano está de tal maneira obrigado às suas próprias leis quanto está o súdito, o contrário já foi exposto – conforme a Parte II, cap. I, seç. 7-12 –, pelo que fica evidente que o poder soberano não pode ser resistido; que ele empunha a espada tanto da guerra quanto da justiça; que ele tem o direito de decidir todas as controvérsias, tanto as judiciais quanto as deliberativas; que ele possui a elaboração de todas as leis civis; que ele indica os magistrados e os ministros públicos, e que ele implica uma impunidade universal. Assim quando é que ele ou eles podem ser ditos como estando sujeitos às leis que eles mesmos podem anular ao seu bel-prazer, ou violar sem medo de punição? E este erro parece proceder do seguinte, que os homens ordinariamente compreendem incorretamente o significado da palavra lei, ao confundirem lei com convenção, como se elas significassem a mesma coisa. A lei, porém, implica um comando, enquanto a convenção não passa de uma promessa. E nem todo comando é uma lei, mas apenas (*Tratado da natureza humana,* cap. XIII, seç. 6) quando o comando é a razão que temos para realizar a ação comandada. E apenas aí a razão das nossas ações está no comando, quando a omissão é por esse motivo prejudicial, porque a ação foi comandada, não porque era prejudicial por si mesma; e agindo contrariamente a um comando, não seria prejudicial, se aí não existisse um direito naquele que comanda a puni-lo por assim ter feito. É um erro, portanto, pensar que o poder que é virtualmente o poder inteiro da república, e que reside em quem quer que seja, e usualmente chamado supremo ou soberano, possa estar sujeito a alguma lei que não aquela de Deus Todo-Poderoso.

7. A terceira opinião, que o poder soberano pode ser dividido, é um erro não menor do que o anterior, conforme foi provado na parte II, cap. I, seç. 15. E se existisse uma república na qual os direitos de soberania fossem divididos, poderíamos confessar, junto com Bodin, em *Da república,* Livro II, cap. I, que elas não podem ser chamadas justamente

de repúblicas, mas sim de corrupção das repúblicas. Pois se uma parte tivesse poder para fazer as leis para todos, eles poderiam segundo suas leis e ao seu bel-prazer proibir aos outros que fizessem a paz ou a guerra, que arrecadassem impostos, ou que prestassem fidelidade e homenagem sem sua permissão; e aqueles que têm o direito de fazer a paz e a guerra e comandar as *militia* proibiriam a elaboração de outras leis, além daquelas que eles mesmos apreciavam. E embora as monarquias permaneçam onde o direito de soberania parece ter sido dividido, porque a monarquia em si mesma é uma forma durável de governo, ainda assim os monarcas têm sido por diversas épocas afastados da sua possessão. Mas a verdade é que o direito de soberania é tal que aquele ou aqueles que o possuem não podem (embora gostariam de fazê-lo) dispensar qualquer parte dele e reter as demais. Por exemplo, se imaginássemos o povo de Roma tendo a soberania absoluta do estado romano, e escolhendo um conselho pelo nome de senado, e que a este senado eles dessem o poder supremo de elaborar leis, reservando contudo a eles mesmos, em termos diretos e expressos, o inteiro direito e título da soberania, o que pode facilmente acontecer entre aqueles que vêem a conexão inseparável entre o poder soberano e o poder de elaborar leis. Digo, esta concessão do povo ao senado é sem efeito, e o poder de elaborar leis permanece no povo, pois o senado, entendendo ser vontade e intenção do povo manter a soberania, deve não tomar aquilo como uma concessão, a qual seria contraditória à soberania, e passaria por erro. Afinal (*Tratado da natureza humana,* cap. 13, seç. 9), nas promessas contraditórias, aquilo que é prometido diretamente é preferido antes que aquilo que lhe é oposto por conseqüência; porque a conseqüência de uma coisa nem sempre é obscura como pode ser a própria coisa. O erro acerca do governo misto procedeu da falta de compreensão do que significa a expressão *corpo político,* e como ela significa não a concórdia, mas a união de muitos homens. E embora nos capítulos sobre as corporações subordinadas uma corporação foi declarada sendo uma pessoa de direito, ainda assim isso nunca foi observado no corpo de uma república ou cidade, nem nenhum daqueles inumeráveis escritores da política observou uma tal união.

8. A quarta opinião, a saber, que os súditos têm os seus *meum, tuum* e *suum,* na propriedade, não apenas em virtude do poder soberano sobre todos eles, ser distinto num com relação aos outros, mas também

contra o próprio soberano, pelo que eles pretenderiam contribuir com nada para o público, mas o que lhes agrada, já foi rebatido ao ser provado o absolutismo da soberania, mas particularmente na Parte II, cap. V, seç. 2; e disso surge que aqueles compreendem não ordinariamente que antes da instituição do poder soberano, o *meum* e o *tuum* não implicam propriedade, mas uma comunidade, na qual todos os homens têm direito a todas as coisas, e estavam em estado de guerra contra todos os homens.

9. A quinta opinião, que o povo é um corpo distinto daquele ou daqueles que detêm a soberania sobre ele, é um erro que já foi refutado na Parte II, cap. II, seç. 11, onde foi apresentado que quando os homens dizem o povo se rebela, deve ser entendido por isso aquelas pessoas particulares apenas, e não a nação inteira. E quando o povo clama alguma coisa diferente desta pela voz do poder soberano, isso não é um clamor do povo, mas apenas daqueles homens particulares que clamam por suas próprias pessoas; e esse erro surge do equívoco em torno da palavra povo.

10. Por último, quanto à opinião que o tiranicídio é legítimo, significando por um tirano qualquer homem em quem reside o direito de soberania, é não menos falso e pernicioso à sociedade humana do que é freqüente nos escritos daqueles filósofos morais, Sêneca e outros, tão grandiosamente estimados em nosso meio. Pois quando um homem tem o direito de soberania, ele não pode justamente ser punido, como já foi muitas vezes apresentado, e portanto muito menos deposto ou assassinado. E quem quer que mereça a punição, ainda assim a punição é injusta sem um julgamento precedente, e o julgamento injusto sem o poder da judicatura, que um súdito não tem sobre um soberano. Mas esta doutrina procede das escolas da Grécia, e daqueles que escreveram no Estado romano, no qual não apenas o nome de um tirano, mas de um rei, era odioso.

11. Ao lado do descontentamento, para que um homem seja levado à rebelião, e da pretensão, requer-se, em terceiro lugar, a expectativa de êxito, que consiste em quatro pontos: *i.* Que o descontentamento tenha entendimento mútuo; *ii.* Que eles tenham número suficiente; *iii.* Que eles tenham braços; *iv.* Que eles concordem com uma cabeça. Pois estes quatro pontos devem concorrer a causa de algum corpo de rebelião, no qual o entendimento é a vida, o número são os membros, os braços são a força, e a cabeça é a unidade, pela qual eles são direcionados a uma e a mesma ação.

12. Os autores da rebelião, isto é, os homens que reproduzem essas disposições à rebelião em outros, necessariamente devem ter neles três qualidades: *i.* Estarem descontentes; *ii.* Serem homens de julgamento e capacidade medianas; *iii.* Serem homens eloqüentes, ou bons oradores. E quanto a esse descontentamento do qual pode proceder, já foi declarado. Quanto à segunda e à terceira qualidades, deverei apresentar agora, em primeiro lugar, como elas podem manter-se unidas; pois parece uma contradição, fazer pequenos julgamentos por meio de grande eloqüência, ou, como eles chamam, fala poderosa, no mesmo homem. E então em qual maneira eles concorrem para levar outros homens à sedição.

13. Foi notado por Salústio que Catilina, que foi autor da maior sedição já havida em Roma, tinha *Eloquantiae satis, sapientiae parum;* eloqüência suficiente, mas pouca sabedoria. E talvez foi dito isso de Catilina, enquanto era Catilina. Mas era verdade a seu respeito que ele era autor de sedição. Para a conjunção daquelas duas qualidades fazem dele não Catilina, mas sedicioso. E o que pode ser compreendido enquanto falta de sabedoria, e estoque de eloqüência, podem manter-se unidos, devemos considerar o que é isso a que chamamos sabedoria, e o que é eloqüência. E portanto eu deverei aqui novamente recordar algumas coisas, que já foram ditas no Tratado da natureza humana, capítulos V e VI. É evidente que a sabedoria consiste em conhecimento. Agora, do conhecimento existem dois tipos, dos quais um é a recordação de certas coisas tal como foram concebidas pelos nossos sentidos, e da ordem na qual elas seguem uma à outra. E este conhecimento é chamado experiência; e a sabedoria que procede dele é aquela habilidade para conjecturar pelo presente, daquilo que é passado, e a vir, ao que os homens chamam prudência. Sendo isso assim, fica claro agora que o autor de sedição, quem quer que seja, não pode ser prudente. Pois se ele considerar e tomar suas experiências corretamente, acerca do sucesso que eles tiveram, quem têm sido os autores de sedição, seja neste ou naquele Estado, deverá encontrar que para cada homem que por meio disso se desenvolveu honrosamente, vinte terão chegado a um fim repreensivo. O outro tipo de conhecimento é a recordação dos nomes ou apelações das coisas, e como cada coisa é chamada, o que é, em matéria de convivência comum, uma recordação dos pactos e convenções dos homens feitos entre eles mesmos, acerca de como devem compreender uns aos outros. E este tipo de conhecimento é geral-

mente denominado ciência, e as suas conclusões, verdade. Mas quando os homens recordam não como as coisas são chamadas, pelo consenso geral, mas ou se enganam ou erram o nome das coisas, ou as nomeiam corretamente por acaso, não se diz que eles possuem ciência, mas opinião, e as conclusões que daí procedem são incertas, e para a maioria são errôneas. Agora, aquela ciência em particular, da qual procedem as conclusões verdadeiras e evidentes do que é certo e o que é errado, e o que é bom e penoso ao estar e bem-estar da humanidade, os latinos chamam *sapientia,* e nós damos o nome geral de sabedoria. Pois, geralmente, não aquele que tem habilidade na geometria, ou outra ciência especulativa, mas apenas aquele que compreende o que conduz ao bem e ao governo do povo é chamado um homem prudente. Agora, que nenhum autor de sedição pode ser sábio nesta aceitação do mundo, é suficientemente provado, no que foi já demonstrado, que nenhuma pretensão de sedição pode ser direita ou justa. E, portanto, os autores de sedição devem ser ignorantes do direito do Estado, ou seja, imprudentes. Resulta, pois, que eles são tais que denominam as coisas não de acordo com a sua verdade e geralmente concordam quanto aos nomes, mas chamam de justo e injusto, bom e mau, conforme as suas paixões, ou de acordo com a autoridade daqueles a quem admiram, assim como Aristóteles, Cícero, Sêneca e outros de autoridade semelhante, que estabeleceram o nome de justo e injusto conforme ditaram as suas paixões; ou têm seguido a autoridade de outros homens, como nós fazemos. Requer-se, pois, em um autor de sedição, que ele considera justo aquilo que é injusto; e útil aquilo que é pernicioso; e, conseqüentemente, que existe nele *sapientiae parum,* ou pouca sabedoria.

14. A eloqüência nada mais é do que o poder de conquistar a crença sobre aquilo que dizemos. E para aquele fim devemos ter auxílio para as paixões do ouvinte. Agora, para a demonstração e ensino da verdade, são requeridas longas deduções e grande atenção, o que é desagradável para o ouvinte. Portanto, aqueles que buscam não a verdade, mas a crença, devem tomar outro caminho, e não apenas derivam aquilo que eles gostariam de ver acreditado, a partir de alguma coisa já acreditada, mas também, por agravos e atenuações, fazem com que o bom e o mau, o justo e o injusto, pareçam grandes ou pequenos, de modo a servir aos seus desígnios. E assim é o poder da eloqüência, através do qual por muitas vezes um homem é levado a acreditar que ele sofre sensivelmente uma pontada ou

pancada, sendo que ele não sofreu nada, e a entrar na ira e indignação sem qualquer outra causa além das palavras e da paixão do orador. Considerado isto, junto com o negócio que ele deve realizar, quem é o autor da rebelião, a saber, de fazer os homens acreditarem que a sua rebelião é justa, que os seus descontentamentos se fundamentem sobre grandes injúrias, e que suas esperanças cresçam; nada mais aí é necessário para provar que não pode ser autor de rebelião aquele que não é um orador eloqüente e poderoso, e também, como foi dito antes, um homem de pouca sabedoria. Pois a faculdade de falar poderosamente consiste em se ter criado o costume de pôr juntas palavras passionais, e aplicá-las nas paixões presentes do ouvinte.

15. Visto que a eloqüência e a falta de discrição concorrem para a agitação da rebelião, pode-se perguntar qual parte cada uma delas realiza dentro dela? As filhas de Pélias, rei de Tessália, desejando restaurar seu velho e decrépito pai ao vigor de sua juventude, a partir do conselho de Medéia, o esquartejaram e o fizeram ferver com não sei quais ervas dentro de um caldeirão, mas não conseguiram reavivá-lo novamente. Portanto, quando a eloqüência e a falta de juízo caminham juntas, a falta de juízo, assim como as filhas de Pélias, consente, através da eloqüência, que é a feitiçaria de Medéia, em esquartejar a república, com base na pretensão ou expectativa de reforma, as quais, quando as coisas estão em combustão, eles não são hábeis em concretizar.

ELEMENTOS DA LEI NATURAL E POLÍTICA
PARTE II, CAPÍTULO IX
OU DO CORPO POLÍTICO
PARTE II, CAPÍTULO IX

Do dever daquele que detém o poder soberano[1]

1. A lei sobre os soberanos, salus populi. *2. Que os soberanos devem estabelecer a religião que considerarem a melhor. 3. Que é uma lei de natureza proibir a copulação não natural, o uso promíscuo da mulher, uma mulher ter muitos maridos, casamentos com graus de consangüinidade, é a lei da natureza. 4. Que não deixar o homem tão livre quanto puder ser, sem danos para a coletividade, e ordenar meios para o comércio e o trabalho, e proibir despesas supérfluas, é um dever do soberano segundo a lei de natureza. 5. Estipular o* meum *e o* tuum *dos súditos, distintos um do outro, e as taxas da república a calcular de acordo com as expensas dos homens, é um dever do soberano segundo a lei de natureza.*
6. Um poder extraordinário para julgar os abusos dos magistrados é necessário para a paz da república. 7. A supressão da popularidade diante do erro com o presente governo é necessária para evitar a sedição.
9. Evitar a guerra desnecessária é um dever necessário do soberano para a defesa da república.

---

[1] Capítulo correspondente ao Capítulo IX da Parte II do *De corpore politico;* seu objeto é também tratado no Capítulo XIII ("Dos deveres de quem governa") da Parte II ("Domínio") do tratado *Do cidadão*, e no Capítulo XXX ("Do cargo do soberano representante") da Parte II ("Da república") do *Leviatã*. (NT)

1. Tendo até agora mostrado como é formado um corpo político, e como ele pode ser destruído, aqui devemos dizer algo acerca da preservação do mesmo, não intentando entrar nas particularidades da arte de governar, mas sintetizar os pontos gerais nos quais cada arte deve ser empregada, e em que consiste o dever daquele ou daqueles que detêm o poder soberano. Pois o dever de um soberano consiste no bom governo do povo. E embora os atos do poder soberano são sejam injúrias aos súditos que consentiram ao mesmo por suas vontades implícitas, ainda assim quando eles tendem ao sofrimento do povo em geral eles são violações da lei de natureza, e da lei divina; conseqüentemente, os atos contrários são os deveres dos soberanos, e requerem em suas mãos o máximo do seu empenho, por Deus Todo-Poderoso, sob a dor de uma morte eterna. E assim como a arte e o dever dos soberanos consiste nos mesmos atos, assim também é o seu ganho. Pois o fim da arte é o ganho; e governar para o ganho dos seus súditos, é governar para o ganho do soberano, como foi mostrado na Parte II, cap. V, seç. 1. E estas três – *i.* A lei sobre aqueles que detêm o poder soberano; *ii.* O seu dever; *iii.* O seu ganho – são uma e a mesma coisa contidas nesta sentença, *Salus populi suprema lex.* Pelo que deve ser entendida não a mera preservação das suas vidas, mas seu benefício e bem em geral. De modo que há para os soberanos esta lei geral, que eles obtenham, para o máximo do seu empenho, o bem do povo.

2. E visto que o bem eterno é melhor do que o bem temporal, é evidente que aqueles que estão na autoridade soberana são pela lei de natureza obrigados a promover o estabelecimento de todas aquelas doutrinas e regras, e o comando de todas aquelas ações, tal como em suas consciências eles acreditam ser o verdadeiro caminho para aquilo. Pois a menos que eles façam isso, não poderá ser dito verdadeiramente que eles deram o máximo do seu empenho.

3. Pois o bem temporal do povo consiste em quatro pontos: *i.* multidão; *ii.* comodidade devida; *iii.* paz entre eles mesmos; *iv.* proteção contra uma força estrangeira. No que respeita à multidão é dever daqueles que estão na autoridade soberana aumentar a população, uma vez que eles são governantes da humanidade sob Deus Todo-Poderoso, que tendo criado somente um homem e uma mulher declarou que era sua vontade que eles se multiplicassem e aumentassem daí por diante. E visto que isso deve ser feito por ordenamentos que dizem respeito à copulação, eles são pela lei

de natureza obrigados a fazer tais ordenações acerca do mesmo, que possam tratar do crescimento da humanidade. E daí vem que, naqueles que detêm a autoridade soberana, devem proibir certas copulações que sejam contrárias ao costume da natureza; devem proibir o uso promíscuo das mulheres; devem proibir que uma mulher tenha vários maridos; devem proibir casamentos dentro de certos graus de parentesco e afinidade, que são contrários a lei de natureza. Pois embora não seja evidente que um homem particular que vive unicamente sob a lei da razão natural irá violar esta lei caso faça alguma das coisas acima mencionadas, ainda assim é manifestamente claro que, sendo estas coisas tão prejudiciais ao progresso da humanidade, não proibi-las será contra a lei da razão natural naquele que tomou em suas mãos alguma porção deste progresso da humanidade.

4. A comodidade da vida consiste em liberdade e riqueza. Por liberdade eu quero dizer que não existe proibição sem necessidade de alguma coisa para um homem, que seria legítimo para ele na lei de natureza; ou seja, que não existe restrição da liberdade natural, senão naquilo que é necessário para o bem da república, e que os homens bem intencionados possam não cair no perigo das leis, como em armadilhas, antes que sejam alertados. Diz respeito também a esta liberdade que um homem possa ter uma passagem cômoda de um lugar a outro, e não ser aprisionado ou confinado com a dificuldade de caminhos e falta de meios para transporte de coisas necessárias. Quanto à riqueza do povo, ela consiste em três coisas, a boa ordenação do tráfico, a obtenção de trabalho, e a proibição de consumo supérfluo. Todos aqueles, portanto, que estão na autoridade soberana e tomaram sobre os demais o governo do povo, estão obrigados pela lei de natureza a ordenar acerca dos pontos acima mencionados, como sendo contrários a lei de natureza, desnecessariamente, seja para a própria fantasia de alguém, para encantar ou atar os homens de tal maneira que eles não possam se mover sem perigo; ou tolerar que aqueles cuja preservação nos é benéfica queiram alguma coisa que é necessária a eles, por nossa negligência.

5. Quanto à manutenção da paz no lar, há tantas coisas necessárias a serem consideradas e ordenadas como existem várias causas que concorrem à sedição. Em primeiro lugar, é necessário estipular para cada súdito a sua propriedade e terras e bens distintos, sobre os quais ele pode exercer e receber os benefícios da sua própria indústria, e sem os quais os homens

discutiriam entre si, como fizeram os pastores de Abraão e Ló, cada um deles se aproveitando e usurpando tanto quanto podiam do benefício comum, tendendo assim à disputa e à sedição. Em segundo lugar, dividir as taxas e encargos da república proporcionalmente. Agora, existe uma proporcionalidade para a habilidade de cada homem e existe uma proporcionalidade para o seu benefício na república. Esta última é aquela que está de acordo com a lei de natureza. Pois as taxas da república, sendo o preço que nós pagamos pelo seu benefício, pedem que sejam medidas por aí. E não existe razão quando dois homens igualmente usufruidores, pelo benefício da república de sua paz e liberdade, usem sua indústria para cuidar de sua subsistência, ao que um economiza e se recolhe um pouco, enquanto o outro gasta tudo o que ganha, porque não poderiam eles contribuir igualmente às taxas comuns? Portanto parece ser esse o caminho mais equânime para a divisão dos valores dos encargos públicos, quando todos os homens contribuírem de acordo com aquilo que gastam, e não de acordo com aquilo que recebem. E isto é então feito quando os homens pagam a parte da república nos pagamentos que eles fazem referentes às suas próprias provisões. E isso parece não apenas mais equânime, mas também pouco sensível, e pouco para abalar a mente daqueles que o pagam. Pois não existe nada tão agravante para a tristeza de repartir o dinheiro com o público do que pensar que eles estão sobrepreciados e que os seus vizinhos, a quem eles invejam, depois disso os insultam, o que os prepara para a resistência e, depois que essa resistência tiver produzido algum dano à rebelião.

6. Outra coisa necessária para que se mantenha a paz é a devida execução da justiça, que consiste principalmente no correto cumprimento dos seus deveres, que são os magistrados, ordenados para isto pela e sob a autoridade do poder soberano, que são homens particulares em respeito ao soberano, e conseqüentemente visto que podem ter fins particulares, pelos quais podem ser corrompidos com presentes, ou influência de amigos, devem ser mantidos em respeito por um poder superior, a menos que o povo, aborrecido pela injustiça daqueles, venham a atacá-los para realizar suas próprias vinganças, causando distúrbios da paz comum; o que não pode ser evitado de maneira alguma nos magistrados principais e imediatos sem a judicatura do próprio soberano ou algum poder extraordinário por ele delegado. É portanto necessário que exista um poder ex-

traordinário, como também, de tempos em tempos, seja possível realizar a sindicância de juízes e outros magistrados que tenham abusado da sua autoridade para a injustiça e o descontentamento do povo; e um caminho livre e aberto para a presença de aborrecimentos para aquele ou aqueles que têm a autoridade soberana.

7. Além destas considerações, pelas quais são prevenidos os descontentamentos que surgem da opressão, deve haver aí outros meios para a sua custódia daqueles que são levados à rebelião pela sedição, os quais consistem principalmente na constância daquele que detém o poder soberano, que deve portanto constantemente honrá-los e encorajá-los como sendo aptos a servir a república, sem contudo conter a si próprio nos laços da modéstia, sem se queixar da autoridade daqueles a quem empregou, e sem agravar os erros que eles, porque são homens, podem ter cometido, especialmente quando não é prejudicado pessoalmente; também, deve constantemente apresentar seu desagrado e desgosto quanto ao contrário. E não apenas isso, mas também ordenar vários castigos para estes, assim como, pela repreensão das ações públicas, afetar a popularidade e o aplauso em meio à multidão, pelo que eles podem ser inabilitados a formar uma facção na república à qual estejam dedicados.

8. Outra coisa necessária é retirar das consciências dos homens todas aquelas opiniões que parecem justificar e dar pretensão de direito às ações rebeldes; assim são as opiniões de que um homem não pode fazer nada legitimamente contra a sua consciência particular; que aqueles que detêm a soberania estão sujeitos às leis civis; que existe alguma autoridade de súditos cuja negativa pode impedir a afirmativa do poder soberano; que algum súdito tem uma propriedade distinta do domínio da república; que existe um corpo popular sem aquele ou aqueles que detêm o poder soberano; e que algum soberano legítimo pode sofrer resistência por ser tido um tirano; estas opiniões são aquelas que – conforme a Parte II, capítulo VIII, seções 5-10 –, foram declaradas como dispondo os homens à rebelião. E porque as opiniões que são adquiridas por meio da educação, e no decorrer do tempo, são tornadas habituais, não podem ser arrancadas pela força, e diante do inesperado; elas devem, portanto, ser eliminadas também pelo tempo e pela educação. E visto que as ditas opiniões que procedem do ensino particular e do público, e todos aqueles professores as receberam de fundamentos e princípios que eles aprende-

ram nas Universidades, a partir da doutrina de Aristóteles e de outros, que deixaram nada acerca da moralidade e da política de forma demonstrativa, mas sendo passionalmente habituados ao governo popular, insinuaram suas opiniões pela sofística eloqüente. Não há dúvida, se a verdadeira doutrina acerca da lei de natureza e das propriedades do corpo político, e a natureza da lei em geral, forem perspicuamente estabelecidas e ensinadas nas Universidades, mas aqueles jovens, que acorrem para lá sem preconceitos, e cujas mentes são como folhas em branco, capazes de qualquer instrução, podem mais facilmente receber a mesma e a partir daí ensiná-la ao povo, tanto em livros como em outros meios, do que agora fazem o contrário.

9. A última coisa contida na lei suprema, *salus populi,* é a sua proteção, que consiste em parte na obediência e unidade dos súditos, sobre os quais já falamos, e em que consistem os meios de recrutar soldados e obter dinheiro, armamentos, navios e lugares fortificados de prontidão para a defesa; e em parte, em se evitar as guerras desnecessárias. Pois certas repúblicas, ou certos monarcas, são tão afetados pela guerra em si mesma, ou seja, pela ambição ou pela vã glória, ou cogitam a vingança diante de qualquer pequena injúria ou desgraça feita pelos vizinhos, se acontecer de eles arruinarem não a si mesmos, a sua fortuna terá sido melhor do que a sua razão para expectar.

ELEMENTOS DA LEI NATURAL E POLÍTICA
PARTE II, CAPÍTULO X
OU DO CORPO POLÍTICO
PARTE II, CAPÍTULO X

DA NATUREZA E TIPOS DE LEIS[1]

1. Todas as expressões da mente a respeito de ações futuras são ou convenções ou conselhos ou comandos. 2. A diferença entre uma lei e uma convenção. 3. O comando daquele cujo comando é lei em uma coisa, é lei em todas as coisas. 4. A diferença entre lei e conselho. 5. A diferença entre jus e lex. 6. A divisão das leis, em divinas, naturais e civis; escritas e não escritas; simples e penais. 7. Que a lei moral divina, e a lei de natureza, são a mesma lei. 8. Que as leis civis são a medida comum do certo e do errado, e todas as outras coisas sujeitas à controvérsia. 9. A lei marcial é lei civil. 10. As leis escritas são as constituições do poder soberano, e as não escritas são nada mais que a razão. Os costumes e as opiniões têm força de lei por consentimento tácito do soberano.

1. Até este ponto, tratamos da natureza do homem e da constituição e propriedades de um corpo político. Resta ainda, para este último

---

[1] Capítulo correspondente ao Capítulo X da Parte II do *De corpore politico;* seu objeto é também tratado no Capítulo XIV ("Das leis e dos crimes") da Parte II ("Domínio") do tratado *Do cidadão*, e no Capítulo XXVI ("Das leis civis") da Parte II ("Da república") do *Leviatã*. (NT)

capítulo, falar da natureza e dos tipos de lei. Em primeiro lugar, é manifesto que todas as leis são declarações da mente acerca de alguma ação futura a ser realizada ou omitida. E todas as declarações e expressões da mente acerca de ações e omissões futuras, são ou promissivas, do tipo "Eu farei, ou não farei"; ou previsivas, como, por exemplo, "Se isto for feito ou não for feito, aquilo se seguirá"; ou imperativas, como "Faça isto, ou não faça isto". No primeiro tipo destas expressões consiste a natureza de uma convenção; no segundo, consiste o conselho; no terceiro, o comando.

2. É evidente que quando um homem faz ou deixa de fazer alguma ação, se ele for levado a ela unicamente em consideração a si próprio, ela é boa ou má em si mesma; e que não existe razão para que a vontade ou prazer de outrem venha a ter algum peso na sua deliberação, que então nem realizar ou omitir a ação deliberada será uma violação de uma lei. Conseqüentemente, tudo o que é uma lei para um homem respeita a vontade de outrem, e a declaração desta. Mas uma convenção é a declaração da própria vontade de um homem. E, portanto, uma lei e uma convenção diferem entre si: embora ambas sejam obrigatórias, e uma lei não obrigue de forma diferente do que em virtude de alguma convenção feita por aquele que está sujeito a ela, ainda assim elas obrigam por diversos tipos de promessas. Pois uma convenção obriga pela promessa de uma ação ou omissão especialmente nomeada e limitada; mas uma lei obriga por uma promessa de obediência em geral, pela qual a ação é realizada ou deixada sem ser feita, é referido à determinação daquele a quem a convenção é feita. Dessa forma, a diferença entre uma convenção e uma lei fica assim: na simples convenção, a ação a ser feita ou omitida é primeiramente determinada e tornada conhecida, e então se segue a promessa de fazer ou não fazer; mas numa lei a obrigação de fazer ou não fazer precede e a declaração do que deve ser feito ou omitido se segue depois.

3. E a partir disso pode ser deduzido que aquilo que para alguns pode parecer um paradoxo, que o comando daquele cujo comando é uma lei sobre uma coisa, é uma lei sobre todas as coisas. Pois visto que um homem é obrigado à obediência antes que aquilo venha a ser conhecido, ele está obrigado à obediência em geral, ou seja, em todas as coisas.

4. Que o conselho de um homem não é lei para aquele que é aconselhado, e que este permite ao outro que lhe dê um conselho, não se obriga por meio disso a seguir o mesmo, é claro o bastante. E ainda que

os homens chamem costumeiramente o aconselhamento pelo nome de governo, não que eles não sejam aptos a discernir entre ambos, mas porque eles invejam muitas vezes aqueles homens que são chamados para aconselhar, e por causa disso se irritam com aqueles que são aconselhados. Mas se para os conselheiros pudesse ser dado um direito de ter o seu conselho seguido, então eles não mais seriam conselheiros, mas senhores daqueles a quem eles aconselham; e os seus conselhos não seriam mais conselhos, e sim leis. Pois sendo que a diferença entre uma lei e um conselho é não mais do que, num conselho, a expressão é "Faça, porque é melhor", numa lei é "Faça, porque eu tenho direito a obrigá-lo a isso"; ou "Faça, porque eu digo: faça"; quando o conselho puder dar a razão da ação a que ele orienta, porque a própria razão disso não é mais um conselho, mas uma lei.

5. Os nomes *lex* e *jus*, ou seja, *lei* e *direito*, são muitas vezes confundidos, o que é espantoso por serem duas palavras de significação muito diversa. Pois o direito é aquela liberdade que a lei nos permite, e as leis aquelas restrições pelas quais nós concordamos mutuamente em privar a liberdade um do outro. Lei e direito, portanto, são em nada menos diferentes do que restrição e liberdade, que são contrários; e qualquer coisa que um homem, se vive numa república, torne *jure*, ele o faz *jure civili*, *jure naturae*, e *jure divino*. Pois tudo o que puder ser dito contrário a alguma destas leis, não pode ser dito *jure*. Pois a lei civil não pode fazer com que seja *jure* aquilo que é contra a lei divina, ou de natureza. E portanto qualquer coisa que um súdito fizer, se isso não for contrário à lei civil e a qualquer coisa que o soberano faça, se não for contra a lei de natureza, ele a realiza *jure divino*, pelo direito divino. Mas dizer *lege divinâ*, por lei divina, é uma outra coisa. Pois as leis de Deus e da natureza permitem uma liberdade maior do que aquela que é permitida pela lei civil, pois as leis subordinadas ainda obrigam mais do que as leis superiores, a essência da lei sendo não livrar, mas sim atar, pode um homem ser comandado a algo pela lei civil, ao que não seria comandado pela lei de natureza, nem pela lei divina. De modo que nas coisas feitas *lege*, ou seja, pelo comando da lei, existe algum lugar para a distinção entre *lege divinâ* e *lege civili*. Assim, quando um homem nos dá uma esmola, ou ajuda aquele que está em necessidade, ele o faz não *lege civili*, mas *lege divinâ*, pela lei divina, cujo preceito é a caridade. Mas quanto às coisas que são

feitas *jure*, nada pode ser dito como sendo feito *jure divino* que não seja também *jure civili*, a menos que tenha sido feito por aqueles que, detendo o poder soberano, não estão sujeitos à lei civil.

6. As diferenças de leis são conformes às diferenças seja dos autores e legisladores, ou da promulgação, ou daqueles que estão sujeitos a eles. Da diferença dos autores ou legisladores, decorre a divisão da lei em divina, natural e civil. Da diferença de promulgação procede a divisão das leis em escritas e não escritas. E a partir da diferença das pessoas a que a lei diz respeito, algumas leis são denominadas simplesmente leis, e algumas leis penais. Por exemplo, "Não deves furtar", é simplesmente uma lei; mas esta, "Aquele que furtou um boi deverá restituir no quádruplo", é uma lei penal, ou, como alguns chamam, uma lei judicial. Agora, naquelas leis que são simplesmente leis, o comando é endereçado a todos os homens; mas nas leis penais o comando é endereçado ao magistrado, que é o único culpado da sua violação, quando as penalidades ordenadas não são infligidas; ao resto, nada diz respeito, senão serem alertados do perigo.

7. Quanto à primeira divisão das leis em divina, naturais e civis, os primeiros dois tipos são uma e a mesma lei. Pois a lei de natureza, que é também uma lei moral, é a lei do autor da natureza, Deus Todo-Poderoso; e a lei de Deus falada por nosso Salvador, O Cristo, é a lei moral. Pois a essência da lei de Deus é esta, deves amar a Deus acima de todas as coisas, e teu próximo como a ti mesmo; e o mesmo é a essência da lei de natureza, como foi mostrado na Parte I, cap. V. E visto que a doutrina do nosso Salvador contém três partes, moral, teológica e eclesiástica, a primeira parte apenas, que é a moral, é da natureza de uma lei universal; a última parte é um ramo da lei civil; e a teológica, que contém aqueles preceitos acerca da divindade e do reino do nosso Salvador, sem os quais não existe salvação, não é dada pela natureza das leis naturais, mas do conselho e direção de como evitar a punição, à qual os homens estão sujeitos caso violem a lei moral. Pois não é a infidelidade que condena, embora seja a fé que salve, mas o ramo da lei e os mandamentos de Deus, escritos antes de tudo no coração do homem, e a partir daí em tábuas, e dados aos judeus pelas mãos de Moisés.

8. No estado de natureza, onde cada homem é o seu próprio juiz, e difere dos demais acerca dos nomes e apelações das coisas, e a partir daquelas diferenças surgem querelas e a quebra da paz, era necessário que

houvesse uma medida comum para todas as coisas, que pudessem cair em controvérsia. Por exemplo, daquilo que deve ser denominado o direito, o que é a virtude, o que é o muito, o que é o pouco, o que é o *meum* e o *tuum,* o que é uma libra, o que é um quarto, etc. Pois nestas coisas particulares os homens diferem e geram controvérsia. Esta medida comum, alguns dizem, é a reta razão. Com os quais eu devo concordar, se houver alguma coisa a ser encontrada ou conhecida *in rerum naturâ*. Mas comumente aqueles que chamam pela reta razão a fim de decidir alguma controvérsia, fazem o seu próprio método. Porém, visto que a reta razão não existe, é certo que a razão de algum homem ou alguns homens deve suplantar o lugar daquela; e que este homem ou estes homens são aquele ou aqueles que detêm o poder soberano, conforme já ficou provado; e conseqüentemente as leis civis são para todos os súditos na medida de suas ações, por onde determinam, seja o que é certo ou errado, seja o que é proveitoso ou inútil, virtuoso ou vicioso; e não estando entre eles acordado o uso e a definição de todos os nomes, e tendendo eles à controvérsia, deverão ser estabelecidos. Por exemplo, quando por ocasião de algum nascimento estranho ou deformado, não será decidido por Aristóteles ou outros filósofos se o mesmo é um humano ou não, mas pelas leis; a lei civil contida na lei eclesiástica, como uma parte dela, procede do poder do governo eclesiástico, dado pelo nosso Salvador a todos os soberanos cristãos, como seus vigários imediatos, conforme foi dito na Parte II, cap. VII, seç. 10.

9. Mas visto que foi dito que todas as leis são ou naturais ou civis, pode ser perguntado: a qual destas deve ser referida aquela lei que se denomina lei marcial, e, entre os romanos, *disciplina militaris?* Pode parecer ser o mesmo que a lei de natureza, porque as leis pelas quais uma multidão de soldados é governada numa armada não são constantes, mas continuamente mudam de acordo com a ocasião; e que ainda é uma lei, a qual é razão para o presente, e a razão é a lei de natureza. Contudo, é verdadeiro que a lei marcial é uma lei civil, porque uma armada é um corpo político, e o poder inteiro dela repousa nas mãos do General, e as suas leis são feitas por ele; e embora elas ainda sigam e mudem de acordo como requer a razão, ainda assim não é (assim como a razão de cada homem em particular) senão enquanto requer a razão do General.

10. Quando aquele ou aqueles em quem está o poder soberano de uma república vão ordenar leis para o governo e a boa ordem do povo, não é possível que venham a compreender todos os casos de controvérsia que possam discutir, ou talvez alguma diversidade considerável entre eles. Mas assim como o tempo os instruirá para o surgimento de novas ocasiões, assim também as leis de tempos em tempos serão ordenadas. E nestes casos, em que nenhuma lei especial é feita, a lei de natureza mantém o seu lugar, e os magistrados devem dar suas sentenças de acordo com ela, isto é, de acordo com a razão natural. As constituições, portanto, do poder soberano, pelas quais a liberdade da natureza é privada, são escritas, porque não existe outra maneira de se tomar conhecimento delas; ao passo que as leis de natureza estão supostamente inscritas no coração dos homens. As leis escritas, portanto, são as constituições expressas de uma república; e as inscritas são as leis da razão natural. O costume, por si mesmo, não elabora leis. Contudo, uma vez que foi dada uma sentença, por aqueles que julgam segundo a razão natural, seja aquela justa ou injusta, ela pode alcançar o vigor de uma lei; não porque uma sentença semelhante tenha o costume de ser dada para um caso semelhante, mas porque se supõe que o poder soberano aprova tacitamente aquela sentença como sendo justa, e por isso ela vem a ser uma lei, e é numerada entre as leis escritas da república. Afinal, se o costume fosse suficiente para introduzir uma lei, então estaria ao alcance de cada um que é chamado a ouvir uma causa, fazer dos seus erros leis. De maneira semelhante, aquelas leis que recebem o título de *responsa prudentum,* isto é, as opiniões dos juristas, não são portanto leis porque são *responsa prudentum,* mas porque elas são admitidas pelo soberano. E a partir disso pode ser acrescentado que, quando for o caso de um contrato particular entre o soberano e o súdito, uma razão contrária precedente não poderá prejudicar a causa do soberano; a razão precedente não se torna uma lei, senão a partir da suposição de que era racional desde o início.

Isso basta acerca dos elementos e fundamentos gerais das leis natural e política. Quanto à lei das nações, ela é a mesma coisa que a lei de natureza. Pois aquilo que é a lei de natureza entre um e outro homem antes da constituição da república depois desta é a lei das nações entre um e outro soberano.